BIBLIOTHÈQUE THÉOSOPHIQUE

LES

Lois de la Destinée

PAR

Le Docteur Th. PASCAL

Les Lois de l'Action.
L'Action de la Providence. — L'Action de l'Homme.
Les Résultats de l'Action.

PARIS
PUBLICATIONS THÉOSOPHIQUES
10, RUE SAINT-LAZARE, 10

1904

8°R
19088

Les Lois de la Destinée

La **BIBLIOTHÈQUE THÉOSOPHIQUE** se compose

D'OUVRAGES PUBLIÉS

PAR LES SOINS

du **Comité de Publications Théosophiques**

59, Avenue de la Bourdonnais

BIBLIOTHÈQUE THÉOSOPHIQUE

LES
Lois de la Destinée

PAR

Le Docteur Th. PASCAL

Les Lois de l'Action.
L'Action de la Providence. — L'Action de l'Homme.
Les Résultats de l'Action.

PARIS
PUBLICATIONS THÉOSOPHIQUES
10, RUE SAINT-LAZARE, 10

1904

AVANT-PROPOS

« Rêve de poète..., fantaisie incohérente..., défi jeté au bon sens... ,,, tels sont les jugements que, de tout temps, les hommes du jour ont portés sur la vérité du lendemain. Cette loi générale, en vertu de laquelle tout état de choses réagit automatiquement contre les forces qui tendent à le modifier, cette loi *d'inertie* ne se manifeste pas seulement dans le domaine des phénomènes physiques : nous en constatons les effets à chaque tournant des religions, des sciences, des littératures et des arts; et la certitude qui s'attache à la prévision de semblables effets devrait prévaloir contre tout sentiment d'amertume à l'égard de la foule sceptique ou malveillante des contradicteurs. Car, en vérité, ceux-là ne sont que des instruments inconscients de la loi : et c'est contre elle que l'initiateur se trouve entrer en lutte, bien plutôt que contre des hommes.

Instruments inconscients, avons-nous dit. Oui, car rien n'est moins fondé que nos prétentions modernes au libre examen. Dans le champ débarrassé des obstacles qui, naguère, arrêtaient ou ralentissaient sa marche, la pensée a pris sa course : et maintenant, c'est contre son état de vitesse propre, contre son *inertie dynamique,* qu'il lui faut lutter si elle veut demeurer maîtresse de sa trajectoire et libre de s'orienter suivant les directions nouvelles que lui traceront les génies à venir.

Or, la masse en mouvement est considérable. Elle est faite de toutes les notions incomplètes, mal interprétées ou trop généralisées, de tous les préjugés engendrés par l'étroitesse d'esprit qui tend à poser en principes absolus certaines vérités relatives, provisoirement admises, souvent même de simples hypothèses reconnues expressément comme telles par ceux qui les ont énoncées tout d'abord, mais qu'une foi aussi aveugle que la foi religieuse d'antan vient bientôt transformer en dogmes. " *La Science moderne a démontré...* ,,. Ce cliché, tant prodigué de nos jours, à combien d'affirmations doctrinaires, gratuites presque toujours, souvent absurdes, n'a-t-il pas tenu lieu de *raison suffisante ?*

Puis une tentative de réaction s'est produite : il en est sorti une formule plus dangereuse encore que la précédente par la généralité de son affirmation : *La faillite de la Science !* Nouveau thème à assertions dogmatiques, nouveau prétexte pour s'affranchir de ce libre examen dont nous revendiquons si fièrement la conquête.

Dogmes et formules absolues, ce sont autant de poids morts que la Pensée traîne à sa suite, autant de masses dont l'inertie vient s'opposer à l'action motrice des forces bienfaisantes qui tendent à l'élever sans cesse. L'un des plus grands obstacles à notre progrès, tant intellectuel que moral, c'est ce bloc d'idées préconçues, d'opinions toutes faites, et si fortes dans leur passivité que devant elles le libre jugement hésite à s'exercer, et la conviction intime rougit de s'affirmer.

Mais cet obstacle n'est pas le seul. S'il existe des esprits disciplinés jusqu'à l'asservissement pour lesquels toute atteinte à la tradition ou aux idées de l'époque prend la gravité d'un quasi sacrilège, il en est aussi d'autres qui ne demanderaient pas mieux que de s'ouvrir à des idées nouvelles, mais à la condition que celles-ci leur fussent immédiatement accessibles. Combien rejetteront le livre à peine entr'ouvert ou distraitement feuilleté, dès les premières difficultés entrevues ! Et pourtant, on devrait comprendre que plus la vérité semble lointaine, et plus son acquisition sera nécessairement féconde. Rien ne sert de redire à son auditeur ce qu'il sait déjà : et s'il est malheureusement vrai que bien des auteurs, bien des artistes, n'ont dû leur notoriété passagère qu'à leur soumission aux goûts et aux idées de leur époque, ce n'a jamais été ceux-là que la postérité s'est donnés pour maîtres.

Le pis est que cette paresse intellectuelle, cherchant à se justifier, aboutit trop souvent à une formule méprisante pour l'œuvre incomprise. Ce fait est le résultat d'une présomption surtout propre à notre époque de vulgarisation à outrance, et qui porte la plupart des hommes réputés *instruits* à s'attribuer implicitement des facultés d'assimilation générale que nul ne possède en réalité, quelle que puisse être sa supériorité intellectuelle. Le temps n'est plus où quelques dialecticiens se faisaient forts de disserter *de omni re scibili* ;

en fait, il n'existe pas d'homme instruit au sens absolu du terme ; il n'existe pas de savant qui, si étendues que soient ses connaissances, ne se trouve être un ignorant en dehors des spécialités forcément restreintes en nombre où s'est exercée son activité mentale. Avant d'entreprendre l'étude de questions semblables à celles qui font l'objet de cet ouvrage, chacun devrait se reporter au temps où il s'efforçait d'acquérir les premières notions des connaissances qui lui sont devenues familières à la longue ; il devrait évoquer le souvenir des difficultés vaincues ; analyser le lent travail cérébral par suite duquel ses idées se sont modifiées au point de voir, dans certains cas, l'évidence presque immédiate se substituer à ce qui, quelques années auparavant, lui aurait paru un mystère ; par lequel aussi ses conceptions se sont étendues et généralisées, mais dans une branche seulement des sciences humaines. On serait dès lors conduit à reconnaître que toutes les vérités, si éclatantes et si certaines qu'elles soient, ne sauraient être accessibles au premier abord ; qu'entre la présomption qui fait rejeter comme absurde une idée incomprise parce qu'on l'a insuffisamment creusée, et la timidité intellectuelle qui détourne de notions considérées comme trop abstraites, le devoir consiste dans la conviction que l'effort est nécessaire et dans la confiance absolue qu'il sera toujours efficace.

G. C.

PRÉFACE

Ce n'est point sans appréhension que nous avons entrepris cette étude, car nos connaissances sont trop insuffisantes pour parler avec autorité sur un sujet aussi élevé. Mais si, pour faire part de ce qui l'a aidé, un étudiant de la Théosophie devait attendre qu'il eût acquis l'infaillibilité, il se condamnerait à l'inaction pendant des âges, tandis que, dès les premiers pas de la route, il peut guider, encourager, éclairer, réconforter ceux qui ont moins d'expérience que lui.

Si notre livre, comme ceux qui l'ont précédé ou le suivront, contient des lacunes et des erreurs, il n'est pas présomptueux de croire qu'on pourra y trouver des choses utiles et vraies, comme d'espérer que nous n'aurons pas trahi la pensée de nos Instructeurs au point de rendre notre effort entièrement infructueux : tout ce que l'on trouvera d'utile et de vrai vient d'Eux; les erreurs et les lacunes sont notre œuvre.

Mais le principe de la liberté de la pensée, fortement établi dans la Société Théosophique et si important que les plus qualifiés de nos Instructeurs prennent soin de le rappeler chaque fois qu'il menace d'être oublié, empêchera qu'aucun mal ne soit la conséquence de nos erreurs. Il n'y a d'utile à l'homme que ce qu'il comprend, comme le corps ne vit que de ce qu'il s'assimile. L'étudiant théosophe a donc le devoir strict de s'efforcer de comprendre et, — tout en se gardant de nier sans raison, — de n'admettre comme vrai que ce qui lui est prouvé.

Nous avons exprimé ici ce que nous pensons de ce grand sujet et comment nous le comprenons. Et si nous l'avons dit avec l'accent de la conviction forte, loin de nous le désir d'imposer notre foi. C'est au lecteur de soumettre notre exposé à son intellect et à son intuition et de n'en retenir que ce qu'il aura jugé vrai ou utile. Cet effort de criblage sera un exercice avantageux et évitera tout dommage.

C'est pour les membres de la *Société Théosophique* surtout que nous avons écrit, — pour ceux du moins dont le bagage de connaissances est moindre que le nôtre. C'était notre devoir de nous adresser à eux d'abord, parce qu'ils pourront, avec ce qu'ils trouveront de bon dans ces pages, aider autour d'eux les ignorants de la Théosophie, mais nous avons, en même temps, fait des efforts pour que tout lecteur puisse butiner çà et là en parcourant le livre, et se reposer ainsi des passages abstraits ou techniques qui ne sont à la portée immédiate que de ceux qui connaissent déjà ces doctrines. Ce travail, en grande partie publié déjà par la *Revue Théosophique française*, a été revu, corrigé et augmenté.

Si nous n'avons pas atteint le but, notre désir d'être utile nous fera pardonner l'échec.

Nous remercions vivement M. l'ingénieur G. C., savant de distinction, d'avoir bien voulu présenter ce travail au public par un *Avant-propos* qui s'adresse à tous, mais plus spécialement, il nous semble, aux hommes de science.

Dr Th. PASCAL.

Les Lois de la Destinée

INTRODUCTION

Il semble que la grande Loi que la Théosophie a nommée, avec les religions de l'Inde, *Karma*, — d'un mot sanscrit qui signifie action, — n'est pas suffisamment comprise par l'étudiant, et d'autre part, de nombreuses erreurs sont mêlées aux notions vagues que le public en possède. Cela tient à la réflexion insuffisante de l'étudiant, qui n'a pas mis assez en lumière les corollaires principaux de cette loi, et a limité considérablement son champ d'action, en laissant dans l'ombre les plus consolants et les plus réconfortants de ses aspects.

Et parmi les anciens théosophes mêmes,

nombreux sont ceux qui l'ont, pendant longtemps, considérée comme une sorte d'implacable justicier aux décrets duquel il était inutile de chercher à échapper, — conception faite pour terroriser bien plus que pour consoler.

D'autres, — les plus positifs, — ont surtout vu en elle la personnification de la Loi de Causalité, — une froide impersonnalité ; rares ont été ceux qui ont mis en relief son véritable caractère : celui de Providence.

Nos Instructeurs ont présenté ses aspects fondamentaux et ses plus utiles corollaires, mais, connaissant la nécessité de l'effort personnel pour le développement de l'intellect et de l'intuition, ils ont laissé aux élèves le soin d'assembler les détails de leur enseignement, de les compléter parfois et d'en relier les corollaires au principe fondamental. Et nous avons oublié notre rôle, qui est d'élaborer, d'assimiler les matériaux fournis et de construire nous-mêmes les portions de l'édifice intentionnellement inachevées.

Nous allons essayer de faire ici, — en partie du moins, — ce travail complémentaire. Dans ce que nous allons dire, il n'y a donc rien de nouveau, rien d'ignoré de ceux qui étudient réellement, et notre seul mérite, si nous en avons un, aura été d'avoir rassemblé et mis en lumière des matériaux connus, mais oubliés ou insuffisamment appréciés.

Nous pensons pouvoir ainsi amoindrir de regrettables erreurs et être utile aux commençants en leur permettant de mieux envisager la nature et la portée de cette loi qui touche vraiment au cœur du monde et préside à toutes les manifestations de la vie.

Lorsqu'elle est comprise, la marche du pèlerin devient plus facile et plus assurée, car une force et une espérance nouvelles l'accompagnent.

．·．

Karma, nous le répétons, signifie action.

L'action est l'attribut essentiel de la Vie. Agir, c'est vivre, c'est créer des forces ; toute force est soumise à des lois. Dans un premier chapitre nous étudierons les lois de l'action humaine.

Mais l'action des êtres dans l'Univers n'est pas isolée ; loin d'être importante, elle est minuscule, d'autant plus faible que l'acteur occupe un rang moins élevé sur l'échelle de l'évolution ; elle s'exerce dans un monde rempli d'autres êtres créant d'autres forces, forces dont elle subit inévitablement l'influence. Parmi ces dernières, les plus puissantes, les plus constantes, les plus inéluctables sont celles de la Nature ; il suffit donc d'un coup d'œil pour obtenir la certitude que, sans l'aide divine, l'homme dans l'Univers serait comme un brin de paille au milieu du tourbillon d'une immense cataracte ; sans Dieu, nul atome n'évoluerait, nul monde ne roulerait dans l'espace, nulle âme ne s'éveillerait à la Conscience divine et à la Sagesse.

L'action de Dieu dans la création, c'est la Providence, premier corollaire du Karma : elle fera l'objet de notre deuxième chapitre.

L'étude de l'action divine et de l'action humaine dans l'Univers, — je dis humaine, car c'est l'homme que nous aurons surtout à considérer dans notre essai, — conduit à examiner la part que l'homme prend à l'évolution et la portion de liberté dont il peut disposer au milieu de ce vaste flot de forces presque toujours plus puissantes que la sienne : ce point formera le troisième chapitre sous le titre : L'Action de l'homme dans le monde.

Nous examinerons ensuite les résultats de

l'action et nous les verrons constituer deux groupes distincts : dans l'un, nous constaterons que l'action éveille l'intelligence, apprend à l'homme la Connaissance des lois de la nature, d'où dérivent celles du Bien et du Mal, et qu'elle développe les deux autres termes du ternaire humain, l'Amour et la Puissance ; dans l'autre, nous obtiendrons la preuve que, toute action étant suivie, dans un délai variable, d'une réaction égale et contraire s'exerçant sur l'agent, ce choc, qui a donné la connaissance, établit en même temps une parfaite justice.

Nous pourrons donc fixer ainsi l'ordre du sujet :

1. Les Lois de l'Action.
2. L'Action de la Providence.
3. L'Action de l'homme.
4. Le Développement de la Trinité dans l'homme.
5. Le Mécanisme de la Justice immanente.

Nous n'aurons ensuite qu'à conclure.

Considérations préliminaires.

Le Karma humain ne peut être étudié sans la connaissance préalable de l'instrument que l'homme a entre les mains, aussi débuterons-nous par un aperçu de la constitution de l'homme. Mieux ce point fondamental sera établi, plus aisée sera l'étude de l'action dans les véhicules dont l'âme se sert ; mieux les phénomènes de conscience seront éclairés, plus facile à débrouiller sera l'enchevêtrement de leurs manifestations diverses.

L'Ame, les Corps, les Consciences, l'Evolution.

Dans l'être complexe qu'est l'homme, il faut distinguer le moteur et l'instrument, le mouvement et le mécanisme, l'Ame et ses véhicules.

L'Ame est une étincelle de la Flamme divine, — du Logos, — une portion de Dieu possédant toutes les potentialités de l'Infini. Son essence est l'Infini même ; elle est donc hors de toute manifestation et, par nature, inactive, au sens que, dans le monde manifesté, limité, fini et imparfait, nous donnons à ce mot. Inactive, immuable à un point de vue, et d'autre part, comme Dieu qui cause tout l'Univers, source, elle aussi, par le Logos qui est sa Vie, de toutes les activités de son cosmos, — l'homme, le microcosme.

Cette essence douée de la Conscience absolue (1) dans son monde, — le monde divin, — est inconsciente quand elle est enfouie dans la matière des mondes, bien que restant pleinement active sur le monde divin ; le but de sa longue immersion dans la matière est d'apprendre à y devenir consciente, d'obtenir la connaissance de l'Univers et le maniement de ses forces.

Quand ce labeur est accompli, l'âme est devenue capable de créer et de diriger un monde où d'autres fils de Dieu, étincelles du divin et éternel Brasier pourront venir apprendre à leur tour la leçon du Fini et remplir ainsi les insondables desseins de l'Éternel.

(1) L'âme est libre ; la matière ne l'enchaîne pas plus que l'éther physique n'est enchaîné par les corps plus denses des planètes.

*
* *

L'Ame est comme un soleil animant le corps. Celui-ci, loin d'être simple, est un étrange composé de matière et, dans notre univers, toute matière, dans son intégralité, est formée d'éléments-types dont la combinaison forme sept grands états universels.

L'Ame, au cours de l'évolution, vitalise les parcelles de ces agrégats-types qui forment ses corps ; elle est ainsi comme le soleil d'un système de sept planètes, — chaque planète représentant un corps dans l'organisme humain total qui est l'instrument de l'âme. L'énergie animique, en vitalisant chaque corps, y provoque à la fois une série de forces, dont la nature résulte de la qualité de la matière qui compose ce corps, et un état de conscience dont l'âme, qui en est la cause, est le centre profond ; en se mirant dans chacun de ces corps, l'âme y forme comme un être séparé, une conscience distincte, un " moi „ qui ignore pendant longtemps sa racine profonde, c'est-à-dire le seul et unique Moi, mais qui, par l'évolution, arrive à le connaître enfin.

Les forces de ces corps, quoique multiples,

ont, dans chacun d'eux, une fondamentale particulière qui est, pour le corps physique : la vie dite organique, représentée par l'ensemble des forces physico-chimiques, électriques, magnétiques, caloriques et vitales (1) proprement dites; pour le corps dit astral (2), cette fondamentale est la sensation, résultat de la vibration que lui transmettent les centres nerveux de l'appareil physique; pour le corps mental, c'est la pensée et tous ses corollaires ; pour le corps spirituel, c'est l'amour et ses dérivés ; pour le corps divin, c'est la volonté ; pour les deux corps les plus élevés, cette fondamentale nous est encore inconnue.

Les états de conscience dus à l'intervention du spectateur et percepteur des mouvements véhiculaires, — l'Ame, — sont tous le produit de l'ensemble des activités d'un corps. La

(1) La vie physique a pour agents des forces multiples : chaleur, magnétisme, électricité, action chimique, mouvement mécanique. La vitalité proprement dite qu'on pourrait nommer l'éther nerveux, en est actuellement la force capitale ; elle suit les cordons nerveux, et s'accumule dans des réservoirs qui correspondent aux différents plexus nerveux (Voir les ouvrages théosophiques qui traitent de l'*Homme et de ses corps*).

(2) Le corps astral est formé d'une matière plus subtile que les éthers du corps physique ; on l'a appelé " astral " parce qu'il est brillant à l'œil des clairvoyants. Le mouvement, dans ce corps, produit la sensation.

conscience, chez l'homme ordinaire, ne fonctionne pleinement que dans un seul corps à la fois ; celle dite de " l'état de veille " représente la somme de toutes les vibrations dont le système nerveux de l'homme a conscience ; ces vibrations sont dues presque entièrement au synchronisme vibratoire du cerveau avec les corps subtils (1). Il s'ajoute à ces vibrations celles que produit l'activité propre du corps (2). Prenons un exemple :

La lumière, phénomène vibratoire physique, produit, d'abord, des phénomènes vitaux électriques et physico-chimiques dans le corps

---

(1) Ce synchronisme, actuellement très imparfait, se développera rapidement avec l'évolution.

(2) Les sensations vitales dues au fonctionnement des cellules et des organes, étaient, au début de l'évolution animale, centralisées par la conscience astrale et produites par sa volonté, — volonté rudimentaire (*instinct*) presque entièrement dirigée par le Logos ; un long fonctionnement rendit ces fonctions automatiques, — et, par automatisme, il faut entendre ces mouvements produits par la conscience rudimentaire en action dans le grossier instrument physique. L'homme peut, — grâce à cet automatisme, à cette direction donnée aux actes vitaux par une conscience rudimentaire mais bien entraînée à remplir sa tâche, — se livrer à de plus hautes fonctions ; sa pensée est libre pendant que l'écriture, la marche, la digestion, la circulation, la respiration et toutes les fonctions organiques s'accomplissent sans le secours de son attention.

Chaque fois qu'une fonction est devenue parfaitement au-

grossier ; sa propagation au corps astral determine la sensation, phénomène vibratoire qui convertit le mouvement physique en ce que nous nommons la couleur ; la sensation, se propageant au corps mental, y réveille une image, qui donne le sentiment de la forme, et une action mentale, — la pensée, — qui peut développer un grand nombre de corollaires : jugement, imagination, synthèse, analyse, abstraction, etc. Certaines impressions sensorielles, directement ou par association, se propagent jusqu'au corps spirituel, qui, par sa vibration, manifeste les plus belles activités humaines : l'amour, le dévouement, le sacrifice, etc. ; le même mouvement peut provoquer une réponse dans le corps divin qui se révèle par cette force si particulière qui constitue la volonté vraie, la volonté qui oblige un homme

---

tomatique, l'âme, tout en soutenant l'activité de cette fonction, cesse de lui donner son attention directe, la rejette dans la *sub-conscience* et peut alors commencer le labeur de l'étude et de la domination d'un corps plus élevé, et élargir, ainsi, toujours plus la sphère de ses sensations, de ses perceptions et de ses pouvoirs. Quand la pensée et les sens seront devenus automatiquement obéissants à la Loi, l'âme, sûre qu'ils ne courront pas vers le mal, pourra cesser de les diriger, et vivre de plus en plus dans les mondes divins dont les éclairs, rares encore, sont pour nous le reflet de la *super-conscience*.

à agir avec la Loi, quels que puissent être les résultats de l'action accomplie.

Le corps physique, — le cerveau plutôt, — peut répondre jusqu'à un certain point à ces divers mouvements et donner lieu à un ensemble de vibrations que le centre, — l'Ame, — synthétise et traduit par les sensations et les sentiments divers que nous avons exprimés tantôt : cet ensemble forme la conscience de l'état de veille, — la conscience physique.

Chaque corps, quand l'évolution l'a parachevé, contient dans sa structure autant de centres spéciaux qu'il y a de notes fondamentales dans l'organisme total : sept centres donc, puisqu'il y a sept états de matière, destinés à former sept corps, — sept notes fondamentales de la lyre humaine. Ainsi, le corps physique possède un centre pour répondre à l'ébranlement du corps astral, — c'est le centre physique de la sensation; un autre, pour répondre à la voix du corps mental, — le centre de l'idéation ; un autre, pour recevoir la répercussion du corps spirituel qui donne le sentiment du dévouement ; un autre enfin, pour la volonté dont le siège est dans le corps divin.

Les corps astral, mental, spirituel et divin renferment probablement les représentants de ces centres fondamentaux, reflet septénaire de la Trinité dans l'homme, de sorte que l'âme pourra jouir un jour de sa pleine activité sur l'un quelconque de ces corps, et par conséquent sur l'un quelconque des mondes qui correspondent aux états particuliers de la matière de ces corps (1).

Quand, au cours de l'évolution, le corps physique s'est pleinement développé, ses centres peuvent recevoir, par les voies de retour, les vibrations qui, par les voies d'aller, ont frappé les corps subtils et peuvent y éveiller leurs vibrations propres.

Ainsi, dans l'exemple choisi plus haut, le

---

(1) Le corps physique nous met en rapport avec la portion de l'Univers composée de la même matière que lui. Les sens ne peuvent vibrer que lorsqu'ils sont sollicités par un mouvement auquel ils peuvent répondre. Quand une vibration, lumineuse en elle-même, mais incapable d'ébranler la rétine, frappe l'œil, elle reste inaperçue, bien qu'elle n'en soit pas moins existante. La physique permet de déceler l'action des spectres ultra-violets ou infra-rouges; les rayons X prouvent bien que la lumière traverse les corps opaques, mais l'œil n'en sait rien.

La lumière émise par les corps des mondes astral, mental, etc., ne peut solliciter notre rétine, c'est pourquoi ces mondes sont invisibles pour nous actuellement. Mais l'évolution développera, dans les atomes nerveux, les spirilles capables de vibrer sous l'influence de toutes les formes de la lumière, et alors les mondes invisibles seront révélés à notre conscience normale, — celle de l'état de veille.

cerveau reçoit, à la fois, la sensation lumineuse, l'image mentale et les pensées qu'elle produit, les sentiments de compassion et de volonté, de sorte que la sensation et tous les effets qu'elle a provoqués peuvent se refléter dans le cerveau comme sur un miroir commun et y produire la conscience correspondant aux diverses vibrations que nous venons de décrire.

Pendant la veille, l'âme, sollicitée par les vibrations du monde extérieur, tourne ses regards vers son instrument physique et y produit la conscience physique. Quand ses corps invisibles sont bien développés, elle peut tourner son attention vers l'un quelconque d'entre eux et recevoir l'ensemble de sensations que ce corps peut véhiculer, — le mouvement vibratoire qui produit la conscience spéciale à ce corps : conscience astrale, mentale, etc... Pour qu'un corps puisse fournir une conscience notable, à peu près complète, il faut, nous l'avons dit, qu'il soit bien organisé, — ce qui demande une longue évolution. Les plus grossières des vibrations — celles du corps physique, — sont celles qui, d'abord, impressionnent le plus fortement l'âme, parce qu'elle développe peu à peu, et du simple au complexe, ses pouvoirs latents ; plus tard seulement, quand elle a rendu actives des possibilités plus élevées, elle peut apprécier les vibrations compliquées des corps plus subtils : voilà pourquoi la conscience physique est la première et, pendant longtemps, la seule ; aussi, pendant cette longue phase de l'évolution, l'homme nie-t-il toute conscience dans les corps supérieurs : tout, pour lui, est fonction du corps physique.

Quand la perfection de tous les corps est atteinte, il peut transmettre au cerveau physique les impressions de ces corps subtils, il vit alors dans plusieurs mondes à la fois, il est conscient de ce qui se passe dans l'Au-delà, le règne du doute sur la pluralité des corps et des mondes est terminé.

*
* *

Mais il convient de revenir avec plus de détails sur quelques points importants de cette évolution, et sur celui des rapports entre les corps et la conscience.

Sans un témoin des activités des véhicules, celles-ci resteraient de simples mouvements matériels; c'est leur interprétation par un spectateur immuable, — l'âme — qui leur donne un sens, leur fournit un lien.

Au début, l'ignorance (1) de l'âme est encore si grande, qu'elle s'identifie avec le véhicule qui lui apporte les messages du monde correspondant, et ce véhicule est, au début des humanités, le corps physique. L'homme tout à fait primitif vit exclusivement par le corps, comme l'embryon et le fœtus; toutes ses activités sont fonctionnelles, et la sensation est strictement confinée aux relations qu'il entretient avec l'appareil organique physique; plus tard, le corps devient secondaire; il est oublié peu à peu, et des sensations plus élevées prennent le premier rang devant l'attention de l'âme : l'homme des débuts de la civilisation vit dans la sensation, produit mixte des deux véhicules également nécessaires à cette sensation, — le corps physique, appareil transmetteur, et le corps astral, appareil sentant. L'âme, à ce moment, s'identifie avec la sensation, et son

---

(1) L'âme, bien que possédant la Connaissance absolue, celle de l'Infini, est d'abord ignorante du monde limité. Quand son évolution est achevée et qu'elle a pu se mirer dans ses corps divers, elle a pleinement développé son " Moi " et toutes les qualités qu'a éveillées en elle son contact avec le monde fini.

activité s'exerce entièrement par les phénomènes que la sensation provoque.

L'appareil mental est encore si mal organisé, à ce moment de l'évolution, et les mouvements qu'il peut recevoir sont si rudimentaires, que l'intelligence, très limitée, ne joue qu'un rôle effacé. Mais par la réaction constante des sensations sur les pensées, — du corps astral sur le corps mental, — ce dernier effectue peu à peu sa complète organisation, et la conscience mentale partage enfin avec la conscience astrale l'empire humain : l'humanité actuelle est dans cette phase. La mentalité et la sensation forment le champ d'expérience animique presque tout entier, et l'homme s'identifiant à elles, croit être ce mélange hétérogène des sensations, de pensées et de sentiments.

A un moment donné, la mentalité domine ; la sensation et ses dérivés passent au second rang, et peu à peu les choses de l'intelligence captivent seules l'attention de l'âme. L'homme finit ainsi par savoir qu'il n'est pas le corps grossier, et qu'il est supérieur à la sensation : il croit alors être la pensée, le mental. C'est encore une erreur. La pensée est, elle aussi, une création ; l'outil avec lequel l'homme la produit, c'est le corps mental. L'âme en a la preuve, à mesure que les corps supérieurs, sortant de leur état embryonnaire, commencent à vivre d'une vie appréciable ; alors, par ces instruments nouveaux, elle acquiert des facultés nouvelles, un champ d'expérience nouveau. Par la volonté elle pouvait déjà intensifier, atténuer ou anéantir le désir ou la passion, elle est maintenant capable de choisir telle pensée qu'elle veut soumettre à son examen, ou de chasser au loin toute pensée, et de s'enfermer solitaire dans le vide du champ mental, sans cesser de sentir la conscience de son moi. Et elle monte ainsi, éprouvant successivement la conscience de tous ses véhicules, s'identifiant à eux d'abord, puis s'en libérant, jusqu'à ce qu'elle soit retournée à son état primordial, d'étincelle pure délivrée de toute enveloppe, de tout véhicule, de toute matière et jouissant de sa conscience propre, de la conscience de Dieu dont elle est un fragment, — de la Conscience infinie, tout en conservant la mémoire de ses expériences variées et toutes les acquisitions qu'elle a faites. A ce moment, elle peut se distinguer entièrement de toutes les consciences fragmentaires qu'elle a provoquées dans les véhicules si divers, qui ont formé les gradins de sa longue ascension, et grâce au fil de la mémoire, conserver la notion " du moi ,, si douloureusement acquise, et devenue maintenant définitive.

Elle est devenue un dieu en Dieu.

Tels sont, en quelques lignes, l'âme, les corps, les consciences et l'évolution. Leur connaissance facilitera grandement la compréhension du processus karmique.

CHAPITRE I

LES LOIS DE L'ACTION

La Loi.

La loi est la cause immuable des effets invariables qui sont dans l'Univers. Elle ne finit qu'avec l'Univers dont elle est la raison d'être et le soutien.

Toute loi secondaire fait partie d'un ensemble de lois et est aussi la cause particulière d'une série spéciale d'effets dans le monde. Il n'est pas de loi dans la nature qui ne soit le canal d'une partie de la vie générale. L'ensemble des lois peut être comparé à un arbre à dichotomisations très nombreuses ou à un système de canaux charriant les eaux d'une seule source ; ces canaux, divisions d'un collecteur unique, portent les modifications d'une Force commune, création de la Volonté suprême et qui donne l'énergie à tout, produit de la Sagesse souveraine qui a merveilleusement calculé le but à atteindre, et qui l'obtient par des moyens d'une simplicité maxima et une dépense de force minima; de sorte que, dans les adaptations qui se produisent incessamment dans l'organisme cosmique, il existe une large part d'automatisme dû à l'action mécanique de cet organisme ; il ne semble pas nécessaire au Créateur de porter une constante attention sur une masse de détails dont l'action peut s'effectuer d'elle-même.

Le réseau des lois représente le système circulatoire et le système nerveux de l'Univers, il porte la vie partout, rapporte au Centre, — Dieu, — l'impression des opérations de la vie dans l'intimité des tissus de ce grand organisme et transmet la réponse de la Divinité à tout appel qui se fait entendre : dans cet admirable réseau circulent la volonté et la vie divines, — la volonté et la vie qui font vivre le monde. Nul être, quelque fort qu'il soit, ne peut résister à l'impulsion évolutive ; nul centre de conscience, quelque épaisse qu'en soit l'ignorance, ne peut rester sans direction au milieu du labyrinthe de l'Univers.

La Loi, — la Volonté de Dieu, — est le but vers lequel l'homme tend sans cesse ; nous devons nous efforcer de la connaître et lui obéir, car il n'est pas d'intérêt mieux entendu que celui de s'unir volontairement à ce qui établit l'harmonie universelle : cette union d'esprit, de cœur et de volonté entre la créature et le Créateur constitue la véritable *Yoga* qui fait le fond de la *Bhagavad Gîtâ* et de la " Communion ,, chrétienne : c'est le but, le couronnement de la vie de tout être.

La Loi est immuable comme la Volonté divine. Quand le plan d'un Univers est conçu, son système de forces calculé et le mouvement de son évolution établi, Brahmâ, le Saint-Esprit, cède la place à Vishnou, le Fils, qui construit ce que la pensée a conçu, et anime toutes les formes prévues, et enfin Shiva, le Père, entre en scène pour immortaliser les êtres. Le divin Architecte ne revient jamais sur ses calculs ni sur ses desseins ; sa sagesse est sans obscurité, sans erreur ; ce qu'il a jugé excellent il le décrète, et sa volonté est à l'abri des fluctuations humaines. Ce qu'il a fixé demeure, et l'homme peut compter sur la plus parfaite stabilité des lois de la Nature.

Si la Loi n'était immuable, le monde serait sous la menace perpétuelle du trouble ou de la destruction. Si un seul des rameaux de l'Arbre de la loi cessait d'exister, le domaine de ce rameau cesserait de vivre. Que la gravitation soit un instant suspendue et les globes entreront dans un trouble affreux, et les corps mêmes placés à la surface des planètes seront lancés au loin dans l'espace par la force centrifuge.

Que les lois qui font du soleil un centre merveilleux de forces de vie cessent d'opérer et la mort se répandra sur tout son système.

Si par le mot miracle on veut dire suspension de la Loi, l'on peut hardiment affirmer que le miracle n'existe pas. Quand un fait paraît se produire contre les lois naturelles, on doit conclure à l'intervention de quelque loi inconnue, venant faire obstacle à la loi apparemment violée, — le Karma, racine de toutes les lois ne peut être qu'immuable ; il ne pourrait disparaître qu'en emportant l'Univers avec lui. Toujours il nous donne le résultat de nos actes, et ce résultat est la leçon que ces actes comportent. Il nous faut donc l'étudier patiemment, utiliser ses enseignements, et, à sa lumière, diriger plus sagement notre évolution. Il fait cette évolution, et en apprenant à connaître les lois par lesquelles il l'effectue, nous pourrons la rendre plus facile, plus douce, plus rapide.

*
* *

Nous avons vu que tout être est un fragment divin, un germe qui, pour se developper, doit être semé dans le champ de l'univers, dans des corps successifs dont la complexité croissante permet l'éveil en lui de facultés toujours plus nombreuses.

Ces corps sont tous composés de force-matière, cet inconnu qui forme tout ce qui existe dans l'Univers, de l'atome primordial au plus vaste des mondes.

Il n'est pas de corps, c'est-à-dire de composé de force-matière qui ne soit baigné dans l'océan infini de la Flamme divine, cette flamme qui est à la fois la base de l'Univers, son Ame, sa cause, son centre de force, sa vie, son origine et sa fin. Aussi n'existe-t-il pas de matière morte, et celle que la science appelle inorganique est aussi vivante que la matière dite organique. La vie en action dans la matière se manifeste par du mouvement, — mouvement d'autant plus complexe qu'il a pour véhicule une matière vibrante plus subtile, mieux organisée, plus capable d'exprimer la Volonté divine, cause de toute vie et de tout mouvement dans l'Univers, et la matière la plus inerte en apparence est composée d'un amas de corpuscules atomiques resplendissants de vie, qui tourbillonnent autour de leur centre commun avec autant de précision que les astres autour d'un soleil.

Quand sous l'influence du processus évolutif, un corps a développé un certain nombre de centres de sensation et d'action, le jeu de la Conscience devient très complexe, mais les forces projetées ou reçues, les actes et les sentiments, les émotions, les volitions et les pensées, sont toujours les effets d'un mécanisme matériel, d'une substance vibrante, tandis que l'esprit, — l'Ame, — est le Spectateur immuable des activités de la matière, le Connaisseur inconnaissable qui se mire dans les corps.

La qualité des vibrations des véhicules détermine la nature des sentiments perçus par l'âme; ces vibrations se propagent de centre à centre, déterminant une série de réponses différentes, mais toutes unies par leur lien commun, l'Ame. La vue de la souffrance, par exemple, provoque successivement un acte mental (conception de la souffrance) un acte spirituel (compassion) un acte psychique (désir d'aider) et une action physique (le secours matériel). Sensation, perception, compassion, désir, volition, sont tous les résultats de l'association vibratoire des centres de l'organisme de l'âme, et leurs nuances, comme les degrés de leur perfection, dépendront des qualités de la matière qui les produit, comme le timbre et la hauteur du son d'un orgue varieront avec les dimensions et la matière de ses tuyaux.

C'est ce qui a fait dire aux philosophes hindous sankhyas, que l'Ame (*Purusha*) (1) est le témoin inactif de l'activité de la matière (*Prakriti*), du mouvement de ses corps, — semblable au fluide électrique, qui, bien qu'inactif en soi, cause indifféremment la lumière, le

---

(1) L'*u* dans les mots sanscrits se prononce *ou*
Ex. : *guna*, gouna; *guru*, gourou; *buddhi*, bouddhi, *purusha*, pouroucha.
Le *sh* se prononce *che*
Ex. : *Shankara*, chankara.
Le *ch* se prononce : *tche*.
Ex. : *chela*, tchéla ; *Shankaracharya* : Chankaratcharya.
Le *ch*, dans *Dévachan*, se prononce *que* : Devakan.
Le *sw* se prononce *sou*.
Ex. : *Swarga*, Souarga.

mouvement ou l'action chimique selon les récepteurs qu'on lui fournit.

Dans le monde manifesté, dans la force-matière, la vie se révèle donc par le mouvement : les corps, — centres de vie et de conscience, — agissent, le mouvement les sollicite sans cesse, ils ne peuvent échapper à son empire; cesser d'agir est pour eux impossible; ils ne peuvent sortir du cercle du mouvement; car la mort est la plus grande des illusions, la plus complète des impossibilités. On comprendra de quelle importance est l'étude des lois qui régissent le mouvement, c'est-à-dire l'action, chez l'homme.

La Réaction égale l'Action.

Agir, avons-nous dit, c'est produire des forces.

La première des lois de la force, la condition même de sa production est un point d'appui.

Autrement dit, toute force s'appuie sur une résistance égale. A la racine de l'Univers se trouve la première " paire d'opposés ,,, la force-matière primordiale, dont l'essence est cette dualité que toutes les grandes philosophies religieuses ont conçue et exprimée avec plus ou moins de bonheur.

Le symbole égyptien la figurait par deux figures humaines, dont l'une, blanche et lumineuse, se projette en une ombre noire renversée, — ce sont le Jéhovah blanc et le Jéhovah noir, le Macroprosope et le Microprosope, les deux piliers du monde, les éternels et indispensables agents de l'équilibre cosmique.

Telle est la double racine de toute force-matière dans le monde manifesté où toute chose existe grâce à son contraire et où tout est essentiellement composé de deux forces antagonistes. Morcelez un aimant à l'infini, et dans chaque molécule vous retrouverez les deux pôles qui le caractérisent. Le même fait apparaît, modifié par la qualité des milieux, dans les mondes de matière subtile, — dans les mondes moral et mental où toute vertu s'oppose à un vice. Cet antagonisme, qui est la condition de la vie des choses, préside à la manifestation de la force. Toute action, pour naître, doit s'appuyer sur une force égale et contraire qui est ce qu'on appelle sa réaction. Quand la force cesse de s'exercer, la résistance sur laquelle elle s'est appuyée passe de l'état passif à l'activité et devient la réaction. C'est pourquoi l'homme récolte exactement ce qu'il a semé ; il ne peut être puni plus qu'il n'a péché, ni récompensé plus qu'il n'a mérité ; il subit simplement le choc de la réaction. Et quand l'intégralité de l'une de ces forces, sous toutes les formes qu'elle a revêtues, sous toutes les modifications qu'elle a subies ou provoquées, lui est retournée, le " Karma ,, de cette force est épuisé.

Cette première loi : l'égalité de l'action et de la réaction, base de toute justice, s'exerce dans tous les mondes, sur tous les états de matière ; l'âme incarnée dans les milieux divers recueille invariablement et exactement le fruit de ses actes, ce qui, moralement, équivaut à l'instruction qui en résulte.

Le plus important, pour l'homme, des effets de la réaction, le plus constant, le plus inéluctable tient à la solidarité vibratoire de ses véhicules.

Prenons un exemple.

Une émotion, un désir, bons ou mauvais, ont une réaction aussi complexe qu'énergique, dont le premier effet frappe le corps subtil qui a produit ces sentiments. Ainsi toute émotion, — vibration du corps dit "astral„ (1), — attire dans le corps vibrant un certain nombre de molécules du monde astral pouvant répondre à son rythme (2) particulier, et rejette en même temps de ce même corps un certain nombre de molécules qui ne peuvent s'adapter aux nouvelles conditions vibratoires (3). Il se produit ainsi en lui une accumulation de la matière du type attiré, et, par là, un accroissement du pouvoir émotionnel qu'elle représente; — processus en tout semblable à celui qui fait que l'exercice apporte à un muscle des éléments nouveaux, tandis qu'il provoque une élimination progressive des parties inutiles, — les constituants graisseux.

Des effets analogues accompagnent l'acte mental et spirituel. La loi est partout la même,

---

(1) Voir page 9.
(2) Voir page 9.
(3) Placez de la poudre lycopode sur la peau fine d'un tambour léger. Avec un instrument de musique, produisez alors un son. La vibration transmise par la membrane du tambour fait prendre à cette poudre une forme variable, toujours la même pour le même son; sa formation s'opère par la répulsion d'une partie de la poudre et par l'attraction de l'autre partie, c'est-à-dire par les deux mouvements, — centrifuge et centripète, — qui président à tout phénomène de ce genre.

partout active; les variétés de ses résultats tiennent à la différence des milieux dans lesquels elle agit. Le mouvement qui effectue ces actes, — car tout se résout en mouvement (4), — amène une hypertrophie du centre vibrant, et à mesure qu'il se répète, fait de ce centre un générateur de plus en plus puissant de la qualité qu'il représente, et il transforme ainsi graduellement, mais sûrement, l'homme en une force utile ou nuisible. Cet homme, par sa seule présence, sera, pour ceux qui se placeront dans sa sphère d'influence, un levain de bien ou de mal, un foyer permanent de vice ou de vertu, un ouvrier de l'évolution ou de la contre-évolution, une force divine ou démoniaque.

Ce fait, dont la gravité s'impose, constitue à lui seul la plus effective des récompenses et des punitions, car ses effets sont permanents et sans cesse multipliés. Outre ce premier ré-

---

(4) Nous l'avons vu pages 9 et 14, c'est le mouvement des parties constituantes d'un corps qui provoque la sensation particulière à ce corps ou à ses centres, mouvement que l'âme interprète comme sensation, sentiment, pensée, etc... Par conséquent, sans l'âme, point de conscience; sans les corps, pas de mouvement donnant lieu à cette conscience. Les deux facteurs sont également indispensables, — le matérialisme le reconnaîtra un jour, bientôt peut-être.

sultat, il en est d'autres, — tout aussi constants, quoique moins importants, — qui résultent de la solidarité vibratoire des corps divers qui constituent l'instrument total de l'âme. Vice et vertu influencent ainsi la nature humaine entière produisant jusqu'à la santé et la maladie physiques ou morales : tout le monde connaît les effets de la peur, de la colère ou du chagrin, sur le corps physique, et nous verrons que l'action mentale peut se propager jusque dans le corps spirituel de l'homme. Partout le mal produit le mal, mais partout, aussi, le bien grandit le bien, et la volonté, dirigée vers les choses supérieures, hâte merveilleusement l'évolution.

Il nous faut maintenant signaler un corollaire de la sympathie vibratoire.

.·.

Tout organisme dont la vie est antipathique à la vie (à la loi d'évolution) de son cosmos particulier tend à en être rejeté comme les parasites et les tissus anormaux sont chassés du corps physique. Le courant de la loi frappe et brise tout ce qui va contre lui, il aide et soutient tout ce qui suit sa course.

Mais le corps étranger se défend contre la destruction menaçante en opérant une sorte de dérivation de la force organisatrice de l'organisme, en s'enkystant dans les éléments ambiants densifiés, et cette protection passagère lui permet de lutter, pour un temps, contre les effets destructeurs de la loi; mais, comme dans la nécrose, où les parois protectrices cèdent peu à peu, par la suppuration qui mine l'organisme et ouvre une porte à la lente et douloureuse expulsion, de même, dans les parois kystiques du mal moral se produisent des phénomènes d'élimination, et l'augmentation des désordres conduit à la perversité, au crime, à l'endurcissement moral. Mais comment lutter indéfiniment contre la Loi, contre Dieu ! La goutte d'eau ne creuse-t-elle pas le rocher ? La loi, tôt ou tard, détruit tout ce qui lui résiste, et si le retour au droit chemin ne répare pas le désordre, l'erreur aboutit à sa propre destruction après un temps variable, souvent long, quelquefois après plusieurs vies de souffrances physiques et de misère morale.

Toute nature rendue sensitive par l'épuration éprouve aisément le malaise interne provoqué par le mal subtil, et il faut un long endurcissement pour en arriver à l'insensibilité, — à la lèpre morale.

Plus le centre morbide a pris d'extension, plus son automatisme est fort et s'impose à la conscience, plus la difficulté de le vaincre augmente. Le malaise du début devient la douleur, sentinelle avancée qui jette le cri d'alarme, et si l'on tarde à prendre les armes, l'ennemi devient vainqueur.

La mort du corps physique, celle du corps astral, au cours de la vie purgatorielle (1) et celle du corps mental, pendant la période dévachanique (2), n'apportent à l'âme qu'un repos momentané. Les corps détruits laissent leur germe, et ceux-ci, à la réincarnation future, reproduisent les anciens centres malsains avec leurs tendances morbides, et si une éducation heureuse ne les atrophie, les mêmes vices, reviennent faire cortège à l'âme et perpétuent ses luttes et ses tourments.

(1) Le corps astral persiste après la mort du corps physique dans le monde astral (ou purgatoriel).

(2) Quand le corps astral s'est dissocié, le corps mental (qui résiste plus longtemps, parce que sa matière est plus subtile) est le siège d'une conscience spéciale, celle de la vie de ciel, vie d'une durée assez longue généralement, quoiqu'elle dépende de l'énergie des causes qui la produisent. Elle finit assez vite, en somme, et l'âme retourne à la terre après s'être revêtue de corps nouveaux.

*
* *

Nous venons de voir que la réaction est le premier des effets de nos actes. D'un automatisme inévitable, elle donne à l'homme exactement ce qu'il a semé ; sa justice est aussi parfaite qu'implacable, et elle justifie la déclaration des Sages :

L'homme se récompense et se punit lui-même.

Jusqu'ici nous avons vu surtout comment il se punit ; mais il est facile de comprendre comment il se récompense. Supposons, au lieu de l'intensification des centres de mal, le développement volontaire, méthodique et persévérant des centres qui font les vertus : l'évolution, aidée par la force du courant de la Loi, deviendra aisée, rapide et heureuse. Il ne tient qu'à l'homme de choisir sa voie ; à gauche est une pente qui conduit vers l'abîme, à droite sont les vertus qui arrachent à la lourde atmosphère d'en bas et élèvent pacifiquement vers les sommets, vers la Divinité.

Le Choc en retour.

La réaction, dans certaines circonstances rares, se présente sous une forme si particulièrement frappante et dramatique que nous croyons utile de lui consacrer un chapitre séparé. Les effets que nous venons de décrire sont alors remplacés, pour ainsi dire, par un choc immédiat sur le corps physique de l'agent et qui paraît contenir toute l'énergie de sa cause.

Prenons un exemple.

Quand, pendant longtemps, une pensée de haine intense, — la haine qui va jusqu'à vouloir tuer son objet, — a été projetée sur un homme pur et bon, sur un homme qui n'a rien en lui qui puisse répondre véritablement à la vibration léthifère, elle traverse son but sans l'affecter sérieusement ; comme ces courants électriques, qui, trop violents pour trouver des éléments responsifs dans les tissus du corps, les traversent sans les blesser, cette haine, ne trouvant pas d'asile, revient à sa source avec toute sa force, attirée par une mystérieuse attraction, suivant le chemin qu'elle a parcouru qui est, pour elle, la ligne de moindre résistance. Semblable à la pierre qui, arrivée au bout de sa course, retombe du ciel sur la terre qui l'attire, la flèche de haine qui n'a pu pénétrer son objet retourne à son centre d'attraction, — l'homme qui l'a lancée, — et le frappe par *le choc en retour*.

Il est peut-être bon de revenir encore sur l'exposé des lois qui régissent les influences vibratoires.

Un corps ne peut agir sur un autre corps qu'en provoquant en lui une réponse vibratoire. Si le mouvement de l'agent est synchrone à la tonique vibratoire du corps sur lequel il agit, la vie de ce dernier en est augmentée, et, par l'harmonie qui en résulte, il s'établit dans l'être auquel il appartient un sentiment de satisfaction ; si le mouvement diffère de celui propre à ce corps, il se produira du trouble, du malaise et de la douleur ; mais si dans ce corps rien ne peut vibrer et répondre, il n'est pas affecté, et s'il s'agit du corps humain, l'âme qui l'habite n'aura pas conscience de ce mouvement, la vibration n'existera point pour elle. C'est ainsi que des milliers de forces nous traversent incessamment sans que nous en soyons conscients ; tandis que, pour l'homme qui a perfectionné sa lyre corporelle, elle sont perceptibles et le rendent conscient de ce qu'on nomme les mondes invisibles et de tous leurs habitants.

Autre exemple.

Une pierre peut contusionner le corps visible, parce que l'échelle vibratoire de ce dernier lui permet de vibrer à l'unisson du corps contondant, — autrement dit, de lui faire résistance ; l'eau, qui ne peut lui fournir qu'une réponse moindre, n'en sera affectée que faiblement ; pour l'air qui n'offrira presque plus de résistance, et pour l'éther qui n'en fournira aucune, la pierre n'existera pas. Mais là où la vibration grossière n'a plus d'action, une force subtile prendra une effectivité considérable ; l'électricité, par exemple, qui possède une action puissante sur l'éther nerveux du corps humain (le fluide vital), et peut, selon son énergie, guérir ou tuer, laissera intacte la portion solide du corps, parce qu'elle ne peut l'affecter directement si ce n'est en des circonstances exceptionnelles.

Telle est la loi qui régit les substances vibrantes, quelle que soit leur subtilité. La force de la haine, — vibration de la matière spéciale qui, dans le corps astral, produit le sentiment nommé la haine, — n'agira que si elle peut trouver dans le corps astral de celui qui en est l'objet une matière pouvant entrer en vibration sous l'influence haineuse, et de l'énergie de cette réponse dépendra son effectivité. Et ici une parenthèse est nécessaire pour éviter un malentendu et pour préciser un point important du principe auquel nous faisons allusion.

Pour qu'un corps puisse continuer à exister dans son état propre, il est nécessaire qu'il conserve la quantité normale d'éléments de chacun des sous-états de la matière qui le compose. Par exemple, les sept sous-états de la matière physique doivent être présents dans le corps physique, quelque subtils et purifiés qu'ils y soient, sinon ce corps est détruit. En effet, l'état solide cesse d'exister dès que ses molécules sont assez affinées pour passer à l'état liquide ; les liquides, au-delà d'un certain degré de subtilisation, deviennent des gaz ; la même loi régit les gaz et les éthers, de sorte que, pour que le corps physique continue à exister, il doit posséder la quantité nécessaire de ces sous-états de matière. Il en est de même pour le corps astral et pour les autres corps subtils.

Les corps internes parfaitement purifiés conservent leur forme et leur sept sous-états de matière ; leur purification leur confère, à la fois, une réponse parfaite à toute vibration *en harmonie avec la Loi*, — puisqu'ils sont accordés sur la Lyre cosmique, — et *l'imperméabilité complète à toute vibration de mal* (1).

Quand l'homme purifié veut connaître un état d'âme pour le secourir, il peut se renseigner de deux façons :

1° Jeter un coup d'œil sur les corps de l'être à aider : le corps éthérique révèle la santé physique ; le corps astral les passions, émotions et désirs habituels ou momentanés ; le corps mental, les pensées actuelles ou coutumières et le développement atteint durant l'existence actuelle ; le corps causal, la valeur de l'être en intellect, en volonté, en spiritualité et le point précis de développement obtenu au cours de l'ensemble des incarnations.

2° Mettre sa propre conscience (mentale ou bouddhique) à l'unisson de celle de l'individu et ressentir *directement* son état d'âme, car toute conscience supérieure inclut les consciences qui sont au-dessous d'elle (2).

---

(1) Le mal humain vient surtout des impuretés qui modifient la vibration des cordes de la lyre humaine.

(2) La conscience astrale comprend la conscience physique ; la conscience mentale embrasse les consciences

Quand une pensée maligne frappe un corps astral parfaitement épuré, la vibration qu'elle porte n'y éveille aucune réponse ; elle retourne directement à sa source et y produit les effets destructeurs dont elle était animée. C'est pourquoi les méchants jouissent rarement d'une bonne santé ; leur atmosphère morale est chargée de nuages noirs qui tourbillonnent

astrale et physique, et il en est de même pour les consciences supérieures qui, toutes, incluent celles qui sont au-dessous d'elles. Par exemple, durant le somnambulisme, le sujet se souvient et de ses crises passées et de sa vie normale, tandis que dans sa conscience physique (normale) il ignore la conscience qu'il possède dans ses crises. De même, nous oublions nos rêves et tout ce qui touche à notre conscience astrale, tandis que cette dernière connaît exactement notre conscience physique, c'est-à-dire normale (de l'état de veille). Tant qu'un disciple en probation est incomplètement purifié, il peut ressentir dans son corps astral les pensées ou émotions malsaines de l'ambiance. Le degré de la réponse qu'il leur donne dépend de son état de pureté.

A ce sujet, la *Lumière sur le Sentier* dit :

" ... Toute la nature de l'homme doit être utilisée par celui qui désire entrer dans la voie... Cherche la voie en utilisant les sens. Je ne dis pas : cède aux séductions des sens... Une fois que tu as choisi le Sentier tu ne peux céder sans honte à ces séductions. Cependant tu peux les éprouver sans horreur, les peser, les analyser, les observer et attendre avec un patient espoir l'heure où elles ne t'affecteront plus.... ,, — l'heure où la purification astro-mentale est parfaite.

avec force, et il est rare que, même en dehors des cas de choc en retour, leur corps physique, par sympathie de voisinage, ne subisse peu à peu l'influence destructrice qui s'agite dans leur corps astral.

Voici un exemple de choc en retour.

Un savant réputé, mais coupable de ce crime de lèse-animalité qu'on nomme la vivisection, devint l'objet de la haine d'un autre savant qui, par amour de la pauvre animalité torturée, résolut de faire périr son collègue ; il savait que la chose était possible à une volonté forte et persévérante, il croyait d'ailleurs accomplir une bonne action. Sa pensée fut si forte, si patiente et si bien dirigée, qu'elle amena dans l'organisme physique de sa victime un affaiblissement profond qui ouvrit la porte à une affection tellurique dont elle mourut.

Les attaques de l'opérateur se portèrent alors sur un autre savant qui, lui aussi, commettait l'erreur de chercher dans des expériences sur nos frères inférieurs des remèdes aux maux physiques de l'humanité. Mais celui-ci n'était coupable que d'erreur ; son cœur était bon, rien en lui ne put répondre à l'influence des pensées malignes ; elles rejaillissaient incessamment sur l'opérateur qui, lentement, devint malade et mourut, victime de sa haine. Tel est le choc en retour.

La Contagion

La plupart des pensées séjournent dans l'atmosphère (1) ambiante comme ferments de bien ou de mal, et influencent sans cesse la collectivité humaine qui vit parmi elles.

L'atmosphère morale est individuelle ou collective. Chaque individu rayonne l'influence des centres qui constituent son être physique, moral et spirituel. Il absorbe, en même temps, certaines forces de l'atmosphère dans laquelle le placent les circonstances, et ce qu'il y prend représente exactement ce qu'il peut donner ; il est influencé par les vibrations qu'il est capable de produire. Les centres de force de notre organisme peuvent être comparés à des résonnateurs, qui, de tous les sons qui se trouvent dans l'atmosphère, ne reçoivent que ceux qu'ils peuvent reproduire. Pour

(1) Les émanations d'un être forment une atmosphère autour de lui; les émanations morales de la collectivité qui habite un milieu constituent l'atmosphère morale de ce milieu.

emprunter un exemple à la physiologie, nous dirons que, semblables aux cellules musculaires qui, dans le plasma sanguin, attirent par sympathie vibratoire les éléments spéciaux qui les constituent, — les éléments musculaires, — de même, les corps subtils des hommes vibrent sous l'influence des courants auxquels ils peuvent faire écho et intensifient ainsi, par action sélective, les éléments qui se trouvent déjà en eux. D'où il découle que la plus sûre protection contre le mal c'est la pureté : détruisons en nous les éléments dont la vibration crée les passions, et nous pourrons vivre, s'il le faut, au milieu des ouragans de l'orgie sans être sérieusement affectés (1).

Chaque homme rejette et absorbe ainsi des passions et des vertus, comme son corps grossier aspire et expire l'air ; toute collectivité constitue, dans son ensemble, un organisme jouant le même rôle et possédant les mêmes fonctions que les organismes individuels. La famille et la nation sont ainsi des écoles, des centres de contagion qui s'impriment fortement sur les hommes : l'enfant, avec son organisme éminemment plastique, se modèle

(1) Voir ce qui est dit précédemment.

fortement sur les influences du milieu familial; l'homme mûr reçoit plus particulièrement l'empreinte du milieu national, et ces facteurs sont souvent très importants, pour la vie d'une nation comme pour celle des individus. L'orgueil national fut peut-être la plus effective des énergies qui créèrent la grandeur de Rome, le sentiment d'honneur qui caractérisa la noblesse française et qui faisait que les galants de la cour couraient à la guerre avec autant d'empressement qu'au bal, se transmit par l'empreinte profonde de la famille sur l'enfant; les caractéristiques des nations diverses se perpétuent par les atmosphères nationales. Aussi, l'un des plus grands moyens d'unification des hommes est la destruction des barrières qui préservent et confinent ces atmosphères séparatrices, et l'imprimerie, qui déversa la pensée des peuples dans un récipient commun, les chemins de fer et la navigation qui éventrèrent les frontières et mêlèrent de force les nations, ont été les agents les plus rapides des premières fondations de la fraternité universelle future.

Pour revenir à notre sujet, n'oublions pas que dans l'atmosphère morale que nous concourons à former, nous absorbons surtout les éléments semblables à ceux qui forment nos corps internes (2). Ce fait est la base de la solidarité universelle : la souffrance d'un seul rend incomplet le bonheur de tous, comme la vertu d'un seul diminue d'une certaine quantité la somme du vice commun, comme la pitié d'un seul diminue l'amertume de la coupe qui abreuve l'humanité. La loi divine nous force par l'expérience à comprendre la sagesse des préceptes que les Instructeurs ont établis et, par la douleur de tous, nous oblige à soulager la douleur du petit nombre, même celle d'un seul. Quand le riche laisse les mansardes sans air, le travail excessif, la nourriture insuffisante développer la maladie chez le pauvre, la contagion, tuberculeuse ou autre, le punit et venge la souffrance abandonnée. Quand l'immoralité individuelle est trop intense, la gangrène morale s'étend et devient générale : tous les citoyens souffrent du mal et de la chute du corps social qui s'effondre en pourriture.

La loi de solidarité nous montre combien grande est notre responsabilité. Le vice couvé,

(2) Les corps ne sont ni internes, ni externes, ils s'interpénètrent tous, mais l'usage d'appeler internes les corps invisibles a prévalu.

la pensée mauvaise alimentée, sont beaucoup plus dangereux qu'un acte odieux : celui-ci provoque la réprobation, correctif précieux, ceux-là pénètrent les cœurs, invisibles, redoutables par conséquent, et leurs ravages sont d'autant plus grands que la cause en est plus insoupçonnée.

La Corrélation des forces.

Mais la réaction suit souvent des voies plus cachées encore, et s'exerce par des mécanismes très complexes, car les forces n'agissent pas toujours dans leur état primitif ; elles se métamorphosent par leurs contacts, et ici nous entrons dans l'étude obscure *des transformations de la force.* Tout se transforme, rien ne se perd. L'Energie du Logos, créatrice de l'Univers, retourne tout entière au centre créateur à la fin des temps.

Nombre de ces transformations consistent en le passage des forces à l'état latent. Un exemple emprunté au monde physique va nous servir de guide. Quand on soumet un bloc de glace à la fusion, aussi longtemps que toute la masse n'est pas réduite en eau, le thermomètre n'accuse aucune élévation de température. La chaleur est pourtant absorbée, mais elle est employée comme force mécanique pour amener, dans les molécules de glace, l'écart nécessaire à la production de l'état liquide. Quand le bloc est entièrement transformé en eau, si l'on continue à chauffer, la température s'élève progressivement jusqu'à 100°, point de vaporisation de l'eau. Dès que l'ébullition paraît, la température cesse de nouveau de s'élever, et aussi longtemps que toute l'eau n'est pas vaporisée, le thermomètre reste à 100°. Ici encore la force calorique a été employée à l'écartement moléculaire nécessaire au passage de l'eau à l'état de vapeur ; la chaleur a été rendue latente, mais non détruite.

Et elle peut reparaître tout entière, après ces transformations, si l'on fait passer la vapeur à l'état liquide, puis à l'état solide. La condensation de la vapeur libère la chaleur absorbée pendant le passage de l'état liquide à l'état gazeux, et la congélation de l'eau restitue, à son tour, le même nombre de calories qu'il a fallu pour fondre le bloc de glace primitif. La chaleur emmagasinée est, à ce moment, libérée tout entière.

De même, les forces humaines sont très souvent rendues latentes, c'est-à-dire employées à des oppositions ou des transformations dont la variété et la complexité défient toute analyse, et la durée toute prévision. Ainsi, nous l'avons vu tantôt, une portion de la force est absorbée par le corps même qui l'a produite, et cet effet de réaction si important est constant; une autre portion a été utilisée dans sa transmission aux corps voisins du centre vibrant (1); une autre encore s'est exercée à distance soit sur l'objet visé, soit dans l'atmosphère morale du milieu. Mais quand tous ces agents absorbants ont cessé d'exister, la force latente libérée retourne, sous sa forme primitive, à l'homme qui la créa.

Quelle est la cause de cette attraction mystérieuse et si constante exercée par l'agent sur ses propres créations ? Nous pensons qu'elle est de même nature que celle qui assemble dans l'atmosphère les parcelles d'électricité de même nom en une seule masse. Les semblables s'attirent, et les phénomènes d'attraction qui ne ressortissent pas à cette loi, appartiennent à celle des associations harmoniques

---

(1) Les corps divers de l'âme.

des forces complémentaires. Dans le cas qui nous occupe, le retour de la force à son centre générateur semble due au synchronisme vibratoire parfait de la cause et de l'effet. Et ceci explique les différences de contagion produites par un même milieu morbifique ; sont frappés le plus souvent et le plus violemment ceux qui portent en eux-mêmes des centres pouvant vibrer à l'unisson de la cause morbide : la vertu trouve ainsi en soi son bouclier dans les atmosphères de dépravation ; de même, le vice y trouve sa punition. Dieu a pris un tel soin de la justice qu'il l'a rendue presque automatique ; sa compassion s'effectue, elle aussi, par une loi constante qui fait du mal le marchepied du bien. Ajoutons que l'espace, sur les mondes subtils, offre si peu d'obstacles à l'action des forces, qu'il semble ne pas exister. La pensée nous rend partout présents, comme elle appelle de loin, vers nous, tout être désiré : l'échange est illimité entre les âmes, dans les mondes supérieurs, et l'on peut comprendre que l'attraction d'un centre d'énergie puisse s'exercer à toutes distances sur les forces qu'il a engendrées.

Le passage des forces à l'état latent explique également pourquoi le fruit est, d'habitude, recueilli longtemps après l'acte, et pourquoi, dans l'intervalle, il arrive que le crime prospère aux côtés de la vertu souffrante.

Pendant les modifications qu'elle subit par l'état latent, la force revêt des formes entièrement différentes de celles qui lui sont propres dans son état normal. Aidons-nous, ici encore, de quelques exemples pris au monde physique. La force mécanique peut être transformée en électricité, en chaleur, en lumière, etc. ; la chaleur, l'électricité, la lumière peuvent produire du mouvement mécanique ; l'électricité née du mouvement mécanique peut se transformer en agent de traction, de chauffage, en agent sonore ou chimique, etc. Et toutes ces forces sont corrélatives, c'est-à-dire s'équivalent.

Une somme donnée de chaleur peut reproduire l'équivalent de mouvement mécanique qui l'a causée ; la calorie, quantité de chaleur nécessaire pour faire monter d'un degré la température d'un kilogramme d'eau, équivaut à 424 kilogrammètres, — le kilogrammètre représentant le travail mécanique capable d'élever un poids d'un kilogramme à un mètre de hauteur ; et si, dans le monde physique, cette loi semble, en pratique, incomplètement vraie, c'est que les appareils sont si imparfaits qu'ils absorbent en se mouvant une grande partie de la force qu'ils sont chargés de transmuer, mais théoriquement, et dans les mondes subtils, les deux termes s'équivalent exactement.

La transformation des forces morales et spirituelles ont aussi leurs corrélations et leurs équivalences, toutes extrêmement variables et souvent imprévues pour l'ignorance humaine, qui parfois attend le bien de certaines causes, tandis que le mal en résulte, ou réciproquement. En voici quelques exemples :

La vue du crime provoque, selon les natures qui en sont témoins, l'horreur du péché, la haine du pécheur, ou l'impulsion à commettre le même crime : témoin les épidémies de suicides, les lieux néfastes, la contagion révolutionnaire ou celle du massacre, et l'horreur des attentats anarchiques qui, il y a quelques années, imprima dans la nation, des tendances marquées au retour à l'autorité.

D'autre part, le chagrin produit souvent la maladie physique ; l'espérance fait vivre, peut rétablir la santé, la maintenir et faire accomplir de grandes choses par l'énergie et la persévérance qu'elle infuse. On a vu la volonté tenir la mort en échec, décupler la force musculaire, transformer la pensée et le désir en des catapultes terribles exerçant leur action à distance. Le mal mental ou moral retentit sur tous les corps ; il peut rendre malade le véhicule physique et même stériliser le champ divin, le corps spirituel dans lequel doivent fleurir les vertus. L'amour désintéressé, parfaitement pur, émane la santé physique et morale, répand la joie et la paix, rayonne la vie, car il est un rayon de la Vie divine qui soutient le monde. La haine, au contraire, souffle de l'Adversaire, de la force destructrice, tend à établir la mort partout où elle règne, et ses transformations physiques, — les ébranlements qu'elle cause dans les forces de la nature, — sont toutes des agents de destruction. Elle est l'âme cachée des sinistres, l'élément brisant des cataclysmes, la colère des éléments déchaînés, l'impulsion aveugle des révolutions, la folie des guerres, le bouillonnement des révoltes. Les époques tourmentées par l'ouragan de la haine sont fertiles en catastrophes de tous ordres : luttes de partis, guerres, révolutions, cataclysmes. L'affaire Dreyfus a plus morcelé la France que deux guerres malheureuses : le trouble mental qu'elle a déchaîné a été si terrible que chaque citoyen l'a ressenti ou subi, plus ou moins ; la patrie a été séparée en deux camps ennemis, chacun enveloppé dans un nuage formidable de haine dont l'influence se fera longtemps sentir ; l'Alsace-Lorraine amputée est encore française, mais pendant la triste époque dont nous parlons, il n'y avait ni France, ni Français, il n'existait que deux armées sectaires prêtes à s'entredéchirer, des citoyens aveugles qui avaient oublié la France pour ne voir que l'objet de leur querelle.

Ces corrélations des forces morales sont si diverses, si étroitement enlacées, si difficiles à prévoir, qu'il suffit de signaler la loi générale à laquelle elles obéissent. Elles nous montrent les ressources infinies dont dispose la loi karmique qui toujours, tôt ou tard, sous une forme ou sous une autre, réalise ses décrets. Aussi, le plus souvent, pour nous, les forces de la réaction de nos actes, quand elles nous reviennent, sont-elles méconnaissables, et ont-elles perdu le sceau de leur origine. Mais le Sage, le ministre de la Loi y découvre toujours la marque qui signale leur berceau, et par la nuance qu'elles conservent à travers les étranges péripéties de leur course, il peut les classer, les identifier et remonter à leur cause.

L'Interférence des forces.

Il est encore une catégorie importante de transformation des forces, c'est celle déterminée par leurs diverses associations : leurs contacts les augmentent, les amoindrissent ou les neutralisent. Nous verrons, dans l'un des chapitres suivants, que la répétition des mêmes pensées, des mêmes désirs produit leur intensification, établit les habitudes, augmente ou diminue les difficultés de la lutte contre la nature inférieure, et peut même, à la longue, créer des énergies d'une intensité telle, qu'elles arrivent à dominer la force de volonté dont est capable celui qui les a engendrées et qu'elles rendent ainsi certains actes fatals.

Le spectacle de ces échanges et celui des modifications perpétuelles de la force, — preuves de sa pérennité et de la réalité du principe que rien ne se perd, — est fait pour attrister et pour plonger dans la désespérance. La fatalité serait-elle aussi réelle, aussi effroyable ? La roue qui nous écrase ne devrait-elle jamais cesser de tourner ? nos fautes auraient-elles une éternité de résultats ? Non. Dans la Loi, Dieu a ménagé un refuge, dans le tourbillon des énergies se trouve une place calme. Le Karma a pour but de nous instruire et de nous faire grandir, non de jouer le rôle de démon dans un éternel enfer. La connaissance que nous avons acquise par la douleur, et la force de l'évolution, donnent enfin à la Psyché la clef libératrice, — non une libération égoïste qui désire seulement échapper à la douleur et jouir d'une paix individuelle au milieu d'un monde où retentit la clameur des souffrants, mais la libération de toutes les entraves qui empêchent de venir en aide à ceux qui gémissent sur l'âpre montée, la libération de l'ignorance, de la faiblesse et de la tiédeur : la liberté d'être un ouvrier parfait de Dieu dans l'œuvre de l'évolution.

Résumons-nous :

La réaction nous apporte, d'abord, la connaissance : nous le verrons un peu plus loin, c'est en goûtant au fruit de l'Arbre de la connaissance que nous acquérons la notion de sa saveur ; la connaissance de la Loi vient de la douleur qui nous avertit que nous avons fait fausse route, ou de la paix qui nous montre que nous marchons avec Dieu.

La douleur éveille l'âme, elle nous oblige à sonder notre cœur, elle nous présente obstinément le problème de la Vie, l'énigme des origines et des fins. Cet effort de la conscience vers son centre, fait converger au fond de l'être un grand nombre de rayons qui éclairent et développent l'âme, et quand elle est entrée dans sa maturité, elle possède lumière, force et sagesse, — elle commande à jamais aux forces inférieures qui constituent la vie de son instrument. Le Karma, alors, a définitivement accordé la lyre humaine avec la Lyre cosmique; l'homme, devenu parfait, ne peut vibrer qu'à l'unisson de la Loi, aucune force mauvaise ne peut l'atteindre. Il ne lui reste qu'à éteindre les dernières traces du mal créé auparavant.

Deux grandes méthodes de destruction du mal se présentent alors à sa vision purifiée. La première consiste à transmuer les vices.

La force est dangereuse quand elle est appliquée directement, elle donne de la vie à l'objet qu'elle touche, et des réactions dangereuses en sont la conséquence. Vouloir tuer une passion, c'est la vivifier et rendre la lutte contre elle plus difficile. Mieux vaut la purifier, — canaliser son énergie en changeant son point d'application. L'amour sensuel est transmué par le développement de l'amour spirituel. C'est ainsi que, dans la méditation, pratiquée par tous ceux qui veulent épurer leur nature, les énergies passionnelles sont domptées.

Il est une deuxième méthode basée également sur l'interférence des forces. De même que, dans le monde physique, les fluides électriques positifs et négatifs se neutralisent, de même que l'on peut détruire une force subtile quelconque, lumière, électricité, chaleur, en superposant les monts et les vaux de ses ondes, ainsi, dans le monde moral, en opposant à un vice la vertu qui lui est opposée, on détruit ce vice. L'amour et la haine sont les vaux et les monts de la Force abstraite, inconnue qui est leur racine commune : l'un détruit l'autre. Or, la source de toutes les erreurs, de tous les vices, c'est l'égoïsme, la séparativité, et le foyer de toutes les forces de bien brûle dans le cœur, — par l'amour qui purifie toutes choses, unit tout, fait tout vivre.

La destruction du mal passé est dès lors assurée, l'âme met consciemment en œuvre ce grand secret de la force, — la grande loi salvatrice. A la cause de toutes les formes du mal, elle oppose la cause de tous les aspects du bien, — à l'égoïsme elle oppose l'amour. Les grands Instructeurs l'ont tous répété : Rendez le bien pour le mal ; Aimez ceux qui vous haïssent.

Dans les deux aspects opposés qui manifestent la Force suprême, le bien et le mal, l'amour et la haine sont les monts et les vaux ; le mal cesse par le bien, l'amour détruit la collectivité des forces de mal créées pendant l'enfance de l'âme, elle met fin au Karma. Mais dans cette interférence destructive, l'amour utilisé n'est-il pas détruit ? Il l'est. Il faut une rançon à la haine, c'est l'amour qui la paie. Mais la source de l'amour est intarissable et l'âme arrivée sur le seuil de la divinité en est un générateur inépuisable, car elle est le canal alimenté par la Source de tout amour, le Logos, — et c'est ainsi que trouve sa destruction la somme effrayante de mal produite par l'ignorance. Dans un chapitre suivant, nous reviendrons, pour le compléter, sur ce point si important.

Arrivé sur ce sommet, l'homme sait que, pour ne plus forger de nouvelles chaînes, il doit désormais n'être qu'un canal des forces divines, un véhicule qui les transmet par amour, sans désirer en garder la plus petite parcelle. Il rayonne et se donne sans cesse, il fait le vrai vœu de pauvreté, et, pour ses propres besoins, il se confie à la Providence.

CHAPITRE II

LA PROVIDENCE.

Il suffit d'un coup d'œil jeté sur l'Univers, pour constater combien l'activité de l'homme a peu d'importance, quand on la compare à celle qui s'effectue partout, dans les profondeurs les plus intimes de la nature comme à sa surface. De puissantes lois courbent l'ensemble des êtres et des choses, et au milieu de leur courant irrésistible, l'homme ressemble à ces insectes attachés à l'épave charriée par un fleuve bouillonnant.

Les êtres s'agitent faiblement dans la course majestueuse des mondes, et leur intelligence est bien pâle parmi les fulgurations de l'artifice dû à l'Intelligence cosmique ; là où l'homme rampe dans la nuit de l'ignorance, des Etres invisibles établissent la fixité puissante des lois merveilleuses auxquelles ils président, et notre pensée est écrasée par le prodige de la Pensée mondiale. L'orgueil est bien la maladie des intelligences bornées. Celui qui sait épeler quelques lettres du livre de l'Univers, sait à jamais combien immense est son ignorance et combien infime sa puissance !

Vouloir comprendre le Karma sans considérer l'action divine dans l'Univers, serait vouloir décrire les merveilles de la flore et de la faune d'une forêt, par la peinture de quelques broussailles isolées sur sa lisière.

L'homme est un nouveau-né ; si Dieu ne le secourait, il ne saurait vivre un seul instant dans le monde ; le tourbillon qui s'y meut sans cesse l'étoufferait.

L'action de Dieu dans la nature a été nommée la Providence. Nous ne pouvons espérer la montrer partout où s'effectue son œuvre admirable ; l'œil fini ne peut pénétrer dans les profondeurs d'un aussi vaste domaine ; nous essayerons du moins d'embrasser la surface de quelques-uns de ses principaux champs d'action.

La Providence se manifeste partout dans le monde ; si nous l'apercevons plus spécialisée, et frappante dans les êtres inférieurs, elle brille aussi dans l'humanité. Ailleurs nous ne pouvons que la soupçonner, car notre ignorance est trop grande pour analyser son œuvre dans les profondeurs de l'Univers.

La Providence dans la Nature.

L'action divine dans la Nature s'effectue par l'ensemble des lois qui dirigent toutes choses. La Racine de toutes les lois semble d'une extrême simplicité et pourrait être synthétisée par notre intellect limité dans le principe général suivant :

Pour que l'Unité homogène nommée la matière primordiale soit séparée en parties, il faut l'action d'une double force : l'attraction, cause de la cohésion, et la répulsion, créatrice de la séparation.

Ces forces se présentent, dans notre monde, sous des aspects divers dont la cohésion et la gravitation d'une part, la répulsion moléculaire et la force centrifuge d'autre part, sont les plus visibles. L'attraction et la répulsion sont la base, la condition absolue des formes, la loi de leur existence, de leur stabilité. Elles sont l'œuvre de ce que la profonde pensée hindoue a nommé le Préservateur, — Vishnou, le Fils. Si Dieu cessait un instant de préserver le monde par son amour, — l'amour source de toute attraction, principe de toute union, de toute permanence, aspect divin de la force qui se manifeste ici-bas, comme cohésion et force centripète, — globes et corps, disparaîtraient de l'Univers ; la force centrifuge lancerait les planètes hors de leurs orbites, et les atomes, libérés des agrégats qu'ils composent, s'évanouiraient pour retourner à la matière homogène, primordiale ; nul corps, physique ou hyperphysique, ne pourrait subsister.

*
* *

Toutes les propriétés des corps ont pour base profonde les propriétés fondamentales de l'atome-type qui sert à les édifier. Les combinaisons dans lesquelles cet atome peut entrer sont incalculables, et bien que les propriétés de ces combinaisons paraissent souvent totalement différentes de celles de leur tonique radicale, on peut néanmoins, en bien les examinant, les ramener à leur source commune.

Ainsi l'atome primordial auquel peuvent être ramenés tous les corps et éléments *physiques* a pour tonique vibratoire ce qui produit, au moyen des combinaisons de cet atome, les propriétés diverses de la matière physique : propriétés physiques, électriques, magnétiques, etc. Nous avons vu que l'atome fondamental du monde le plus proche (1) du monde physique, le monde astral, a pour propriété spéciale la manifestation d'une vibration plus complexe que celle de l'atome physique et que la conscience humaine traduit par le mot sensation. A côté de l'homme physique qui manifeste la chaleur, l'électricité, le mouvement mécanique, se trouve l'homme de sensation qui, sous l'influence des effets harmoniques ou inharmoniques des vibrations reçues, éprouve du plaisir ou de la douleur, et qui, par l'intervention de l'élément mental, ressent la crainte ou le désir, la répulsion ou la sympathie. Plus haut, dans l'échelle de la matière, se trouve un type atomique dont la caractéristique vibratoire est nommée par la cons-

---

(1) Proche par la constitution de ses éléments et non par le lieu, car tous les états de la matière existent dans un grain de sable.

cience : la pensée. Plus haut encore une autre fondamentale vibratoire est traduite par les mots amour, compassion, désir d'aider tout être qui peine, s'efforce ou souffre. De sorte qu'il existe toute une série d'agrégats matériels, au service de l'Homme réel, de l'Étincelle divine en évolution dans l'Univers. Ces agrégats forment la série des véhicules de la Conscience ; chacun d'eux remplit un rôle particulier dans la complexité de notre organisme, et leurs propriétés si diverses concourent à l'harmonie de notre vie d'ensemble ; grâce à eux nous pouvons résider dans le monde physique, y sentir, y penser, y aimer et y vivre de toutes les formes de la vie que notre évolution actuelle nous permet de manifester ou d'éprouver.

Les propriétés des corps tiennent donc aux propriétés des atomes-types qui en sont la base, et ces dernières sont l'œuvre directe de la sagesse du Créateur, de cet aspect de la Divinité qui crée les éléments et leur donne une vie propre : elles sont le don du Saint-Esprit, du *Mahat* hindou, l'Intelligence cosmique.

Si le Créateur cessait un instant de concentrer son attention sur le monde atomique, toute vie intime cesserait, il n'y aurait ni affinité chimique, ni ces manifestations éthériques conues sous le nom de chaleur, électricité, son, vie animale ; le soleil cesserait d'être une source de vie, et son système mourrait ; les éléments physiques qui nous donnent la sensation cesseraient d'exister, la mentalité ne pourrait plus se manifester et le même sort serait réservé aux qualités les plus élevées dont l'organisme soit capable. L'âme n'aurait que des instruments muets, privés de vie, sa lyre deviendrait silencieuse, le but de l'Univers ne pourrait plus être poursuivi.

*
* *

La Providence ne borne pas son action à ces deux royaumes. L'évolution ne peut s'accomplir sans une savante hiérarchie de formes ; tout corps est un instrument de sensation et d'action, grâce auquel l'âme apprend à entendre la symphonie cosmique et à y mêler sa propre voix. Toute méthode d'instruction procède du simple au composé ; l'âme doit apprendre les rudiments de la science du monde avant d'être capable d'en comprendre les complexités, elle doit épeler avant de dire avec art ; une série d'instruments admirablement graduée lui est nécessaire, et quand l'un d'eux, devenu inutile, ne peut lui servir ni à sentir ni à exprimer davantage, un autre, plus complexe devient nécessaire, et quand après une expérience suffisante elle en a extrait tout ce qu'il doit lui enseigner, on lui en confie un nouveau plus utile que l'ancien, et c'est ainsi qu'elle apprend la série de leçons de l'Univers. Or, tout corps devenu inutile est détruit. Ce rôle est dévolu à Shiva le Régénérateur, Dieu le Père des Chrétiens ; il détruit les formes inutiles et les remplace par des corps nouveaux plus parfaits. C'est l'aspect de la Providence que l'Inde a nommé Rudra, le Destructeur qui nous délivre des formes inutiles et gênantes auxquelles notre ignorance nous attache et qui, par la mort des corps, nous oblige à marcher vers la Perfection. Nous examinerons dans quelques instants l'aspect de la Providence représenté par Dieu le Fils.

Tels sont les grands aspects de la Providence dans la Nature. Nous allons essayer maintenant d'esquisser quelques traits de la Providence chez les êtres inférieurs.

La Providence chez les Êtres inférieurs.

Quelques idées fondamentales sur l'évolution doivent être, d'abord, rappelées au lecteur.

Le but de la création des âmes, c'est leur développement complet qui en fait des dieux, des êtres aussi parfaits en puissance et en sagesse que la nature de l'Univers sur lequel elles évoluent le permet.

Le foyer central d'un Univers, le Logos, — quand il veut créer des âmes, fait jaillir de sa flamme un nombre incalculable d'étincelles qui, toutes, sont une portion de lui-même et, comme telles, contiennent en puissance, toutes ses qualités, — graines divines dont l'ensemencement effectuera, avec les siècles, le travail prodigieux de la divinisation consciente.

Pour produire l'éveil de ces germes à l'individualité, il faut le martelage des forces qui se jouent dans le monde et qui vont peu à peu frapper, sous les sons de l'harmonie cosmique, les cordes engourdies de la lyre des êtres. Nous l'avons vu, l'Univers est la lyre de

Dieu ; les corps que l'étincelle va revêtir seront les lyres des êtres, lyres d'abord rudimentaires, mais qui se compléteront sous l'action des milieux dans lesquels Dieu va les placer.

Les vibrations du monde, transmises aux microcosmes, — aux corps, — martèlent les âmes qui en sont le centre. Ces âmes contenant toutes les possibilités du Logos dont elles sont des fragments endormis, les chocs extérieurs les éveilleront à la conscience, — conscience vague d'abord, mais qui se précise ensuite et devient la soi-conscience. L'être se distingue alors de ce qui l'entoure ; la mentalité est née, se développe, et, plus tard, d'autres cordes plus délicates de la lyre, impressionnées à leur tour, feront résonner dans l'âme l'harmonie des qualités supérieures, les plus nobles qui puissent fleurir sur la plante humaine, les qualités divines du cœur. Pour que ce lent processus s'effectue avec ordre et succès, pour que ces germes d'âmes enveloppés dans le lourd sommeil de l'inconscience s'éveillent à la vie du monde, il faut que des Guides les conduisent, que des Veilleurs attentifs et inlassés se dévouent pour écarter les dangers qui menacent leurs pas : la Providence opère ce miracle de compassion et de tendresse profonde.

Pour que les vibrations soient conformes au but poursuivi, pour que le choc qui frappe les âmes fasse naître en elles les facultés capitales qui constituent l'être, — la Trinité du pouvoir, de l'intelligence et de l'amour, — il faut qu'il soit lui-même la manifestation de ces forces, l'expression de la vie de la Trinité divine en action dans le monde.

L'âme ne peut agir, aimer et comprendre, tant que la puissance, l'amour et l'intelligence ne se sont pas imprimés en elle; semblable au rouleau phonographique, elle ne reproduira la divine harmonie de l'Univers autour d'elle que lorsque Dieu, insufflant la divinité dans le monde, l'en aura imprégnée. Toute l'intelligence dont une âme est capable vient de l'intelligence que Dieu fait jaillir du Mental cosmique ; notre amour n'est qu'un reflet de l'Amour divin, cœur caché de la vie du monde, et toute puissance est le don de la Puissance de Celui qui crée. Mieux notre lyre peut répondre à l'harmonie divine qui résonne dans le monde, mieux l'âme peut la comprendre et la reproduire. L'Univers transmet la Voix de Dieu à nos corps, nos corps la portent à notre âme, et l'âme s'en instruit. Jamais elle n'oublie; toute leçon apprise l'est pour toujours.

Pour que cette transmission soit parfaite, il faut que les corps, instruments de l'âme, soient parfaitement accordés avec la Lyre cosmique, — avec la musique des sphères, disait Pythagore.

La construction des corps, œuvre d'une difficulté sublime, est confiée presque exclusivement à Dieu le Fils, — tout au moins durant la longue période qui précède les hauteurs de l'évolution spirituelle ; l'âme ne commence à prendre part à la construction de ses instruments que lorsqu'une longue évolution lui a donné une large part de sagesse et de pouvoir. Au début de son ensemencement dans l'Univers, elle est comme inerte, inconsciente, incapable d'attention pour le monde des forces qui s'agitent autour d'elle. Dieu la conduit, lui donne des corps d'abord rudimentaires, à travers les règnes dits élémentals (1); les atomes qui servent de centres à ses corps apprennent à vibrer à l'unisson des mondes qu'ils habitent, à faire écho aux vibrations que, plus tard, bien

---

(1) Les premiers échelons qui conduisent vers l'humanité : les trois règnes qui précèdent le règne minéral.

plus tard, l'âme éveillée appellera sensation, pensée, amour, volonté; dans les règnes minéral, végétal et animal il lui fait connaître la sensation, il lui apprend à y répondre et à agir dans le milieu ambiant; peu à peu les sensations et les actes se spécialisent par la production d'organes des sens, — organes séparés dans le corps physique, représentés dans les corps internes par des centres correspondants synthétiques d'autant plus puissants et d'autant plus étendus dans leur rayon d'action qu'ils appartiennent à un monde plus élevé et à un corps plus subtil. Et quand l'âme a appris enfin à sentir toutes choses, à agir sur toutes choses, elle est devenue un dieu dans le sein du Logos qui la créa.

Décrivons d'abord les étapes principales de la création des corps des êtres.

.·.

Le Démiurge produit d'abord les atomes; avec ceux-ci il construit les molécules; avec les molécules il édifie les organes, et avec les organes il fait des corps. Au centre de chaque corps se trouve un atome-type du monde auquel ce corps correspond.

Un corps ne peut reproduire que les vibrations auxquelles il peut répondre (1) et ces constructions atomiques-types deviennent, par leur constitution, capables de transmettre ce que le monde dont elles font partie porte au centre de conscience et ce que celui-ci veut dire en réponse à ce monde. Ces minuscules organismes sont d'une grande complexité et témoignent de l'intelligence souveraine de Celui qui en établit le plan. Leur développement précède pas à pas l'éveil de la conscience animique ; à un élève qui débute il suffit d'un instrument très simple ; à mesure qu'il devient virtuose l'instrument devient très complexe.

Il faut que l'âme participe le plus possible à la création de ses instruments et voici comment elle y arrive.

Sa conscience n'est guère, au début, qu'un ensemble vague de besoins, — besoin de sentir, de voir, d'entendre, de se mettre en rapport avec la Nature ; elle ignore la nature de ses besoins, mais Dieu veille ; il crée les rudiments des sens qui lui sont nécessaires, et les complète au fur et à mesure que de nouvelles nuances du désir se manifestent. C'est ainsi

---

(1) Voir le chap. I.

que le besoin crée l'organe, ou, si l'on veut employer une autre formule, *la fonction crée l'organe*. C'est le besoin du centre de conscience des poissons des abysses (1) qui développe ces longs tentacules que l'on rencontre chez certaines de leurs espèces de crustacés ; ailleurs, c'est la bouche qui s'élargit démesurément pour que des victimes aveugles viennent emplir aisément l'estomac d'un aveugle ; plus loin, de très longs poils servent d'antennes et dirigent la locomotion dans les lacs souterrains ; si ces aveugles sont placés dans un lac à ciel ouvert, en quelques générations ils auront des yeux, — grâce à la Providence. Leurs âmes plongées au milieu des rayons lumineux manifesteront le besoin de voir, besoin que Dieu seul peut satisfaire en créant, par ses " constructeurs ,,, le merveilleux appareil de la vision (2). Ce n'est point l'organe qui crée la fonction, mais le besoin de la fonction précède l'organe et cause sa production. C'est ainsi que tout être participe à sa propre évolu-

---

(1) Les abysses sont les grands fonds marins. A quelques centaines de mètres de la surface, il n'y a plus de lumière.
(2) Les efforts de la conscience rudimentaire donnent parfois lieu, chez les animaux, à des bizarreries et des monstruosités sans utilité.

tion dans la mesure de ses capacités, Dieu ne fait que ce que l'être ne peut accomplir par lui-même, et il lui donne ce qu'il désire, car le désir est le moyen de la connaissance ; sans le désir il n'y aurait, au début de l'évolution du moins et pendant une grande partie de la période animale, nulle croissance. Plus tard, quand la mentalité s'est éveillée, c'est encore la satisfaction du désir qui apprend à l'âme la valeur du fruit convoité, et quand celui-ci laisse l'amertume sur les lèvres, l'âme apprend qu'il est contraire à la loi d'harmonie qui conduit les êtres : elle apprend qu'il est mauvais.

La Providence dans le règne animal.

Dans l'animal supérieur le rôle de la Providence est encore immense. Partout elle veille comme une mère, et par de nombreux agents soutient les pas chancelants de ses enfants. Elle supplée à leur ignorance par l'instinct, — sa voix dans les âmes encore endormies, — qui se montre partout avec un merveilleux éclat. Voyez le poussin, il fuit l'eau ; le jeune cygne s'y jette, au contraire, avec avidité, et l'oiseau qui a des ailes, se confie sans crainte à l'espace. Etudiez une ruche et vous sentirez en elle une âme commune liée à chacun de ses individus par un lien mystérieux, un centre qui dirige la collectivité avec un ordre parfait, comme s'il mouvait les membres d'un corps unique. Cette âme est le canal dans lequel l'Ame universelle, Dieu, déverse son intelligence directrice.

En examinant une tribu de castors l'on peut faire la même remarque. On y décèle une intelligence et des qualités très supérieures aux individus qui les manifestent, des capacités que l'homme peut seul posséder et que Dieu prête à l'animalité pour lui permettre de vivre dans des conditions et dans un milieu où la vie serait, sans cette aide, impossible.

Et cette utilisation, pour le développement des âmes, de milieux très variés, n'est pas le moins remarquable des effets de l'action providentielle. Dans un même milieu, les abysses marins ou les cavernes souterraines, nous avons vu la vie de relation devenir possible chez les animaux grâce, ici, à de complexes et abondants tentacules qui remplacent la vue, permettent l'alimentation et la locomotion, là, à un œil à demi-atrophié mais capable néanmoins de percevoir la lueur phosphorescente que répand le corps de certains poissons. A la surface des mers nous voyons des oiseaux, — les pingouins, — transformer presque complètement leurs ailes en rames pour permettre une vie aquatique partielle ; ailleurs, certaines espèces amphibies, — les limaces marines des rivages, — respirent par des branchies pendant le flux et par des poumons quand le reflux les a laissées à sec. Certains poissons, — les dipneustes, — pendant le dessèchement des rivières tropicales, respirent dans la vase par leur vessie natatoire transformée en poumon. La Providence utilise tous les milieux ; partout elle adapte les corps à l'ambiance pour que l'évolution se poursuive sans arrêt.

Elle se montre parfois particulièrement touchante et maternelle pour les animaux. C'est elle qui, avant les hivers rigoureux, multiplie la bourre soyeuse des fourrures ; c'est elle qui par ses ministres les Dévas (1), conduit les oiseaux migrateurs, fait fuir le danger des cataclysmes (2), fait retrouver leur gîte aux

---

(1) Êtres du monde astral, dont l'une des fonctions est l'assistance de l'animalité.

(2) Plusieurs semaines avant l'éruption du Mont-Pelé (Martinique), les serpents et les oiseaux quittèrent le voisi-

pigeons voyageurs et aux animaux domestiques ; c'est elle encore qui, dans le désert brûlant, fait sentir au chameau de la caravane assoiffée la présence de l'oasis lointaine ; qui inculque à certains animaux vivant en troupes les rudiments d'une sociologie où figurent à la fois les lois de la communauté et les sanctions qu'elles comportent (1). C'est elle aussi qui place les espèces les plus élevées en contact avec l'homme, colaborateur-né de la na-

---

nage du volcan ; les chiens hurlaient et montraient des signes évidents de terreur.

La tradition rapporte que les rats abandonnent généralement toute maison qui va s'écrouler et que les fourmis et d'autres insectes fuient les lieux qui vont être inondés, ou montent dans les arbres voisins.

L'instinct est si merveilleux que " certains insectes tels que les *Cerceris*, ravisseurs de Coléoptères, se conforment dans certains de leurs actes à ce que seules la physiologie la plus savante et l'anatomie la plus fine pourraient enseigner. Vainement on s'efforcerait de ne voir là que des concordances fortuites ; ce n'est pas avec le hasard que s'expliquent de telles harmonies ,,. FABRE, *Souvenirs entomologiques*. Paris, 1875, 71-78.

(1) Les freux, les corneilles, les corbeaux se rassemblent parfois en tribunal pour juger des coupables. Ils se réunissent avec de bruyants croassements, et, la sentence rendue, se précipitent sur les condamnés, les frappent jusqu'à la mort, et se dispersent en silence.

Goldsmith (*Naturaliste*, 1898, page 153) dit que chez certains oiseaux le vol est puni ; il cite le cas de freux qui après avoir pillé des nids pour construire le leur, étaient

ture mais qui, hélas, faillit trop souvent à sa noble mission, — l'homme qui doit éveiller dans l'animalité les germes des nobles qualités, — l'amour, l'intelligence et le dévouement, — et qui transforme parfois des espèces prêtes à éclore à la vie humaine en des monstres de férocité. Les disciples de Ceux qui détiennent les archives des races nous disent que de grands Etres, les Veilleurs du berceau de l'humanité, apprirent aux civilisations préhistoriques à domestiquer un certain nombre d'espèces animales et que quelques-unes n'eurent pas le temps de devenir ce que les

---

battus par leurs compagnons qui se jetaient sur eux et détruisaient leur abri.

Des moineaux avaient chassé des martinets de leurs nids pour y pondre eux-mêmes ; deux ou trois jours après, les martinets revinrent en nombre et les expulsèrent. Dans les mêmes circonstances, des hirondelles murèrent le nid volé et condamnèrent les larrons à mourir de faim.

Les animaux punissent aussi d'autres crimes que le vol ; ainsi, l'adultère est sévèrement vengé chez certaines espèces animales. Une cane vertueuse repoussa un séducteur pendant l'absence de son mari et se plaignit à lui dès qu'il fut de retour; celui-ci irrité tua le coupable.

Les habitants de Smyrne jouent parfois à la cigogne la mauvaise plaisanterie de mettre dans son nid des œufs de poule. A la vue de ce produit insolite, le mari entre en fureur convoque toute sa société et l'assemblée déchire la mère innocente.

Quand les jeunes singes désobéissent, les coups de poing

divins Guides désiraient, — tel le lion destiné à partager les travaux de l'homme et qui, comme d'autres animaux, a subi l'aiguillage terrible qui conduit à la férocité ; nous pouvons constater avec tristesse comment, de nos jours, nous transformons peu à peu en bête fauve l'animal affectueux par excellence, le chien que nous rendons cruel en l'associant à nos chasses, — chasse à l'animal, chasse à l'homme, — et en le plaçant aux avant-postes des armées. Lourde est la responsabilité de l'homme vis-à-vis de l'animalité sans défense, et à l'heure de la justice plus d'une déception

---

et de dents pleuvent sur eux. Si la bande entreprend une expédition nocturne qui exige le silence, et que quelque jeune crie, les vieux le soufflettent.

Dans les sociétés de castors il est, dit-on, institué un peloton de punition, avec un maître pour sa surveillance, peloton pareil à ceux de nos lycées.

Les cigognes tuent souvent, au moment de l'émigration, celles qui refusent de partir ou qui sont incapables de les suivre.

Enfin, l'exil, la proscription sont aussi pratiqués chez les animaux. On observe des castors solitaires chassés de leur société ; mais l'exemple le plus connu est celui de l'éléphant " rogue " qui peut paître près d'un troupeau, visiter les mêmes lieux, boire à la même source, suivre ses pareils, mais doit se tenir toujours à une même distance; s'il s'avise de pénétrer dans le troupeau, les coups pleuvent sur lui. Aussi devient-il méchant et est-il très redouté de l'homme.

accueillera ceux qui ont commis des crimes de lèse-animalité.

Infiniment nombreux sont les aspects de la Providence dans l'animalité ; mais il nous suffit, après avoir posé le principe, de l'avoir éclairé par quelques exemples, et, sans nous attarder, nous allons montrer la Providence dans son champ le plus élevé, dans son aspect le plus haut, là où son secours est le plus divin.

La Providence dans l'Humanité.

A mesure que la mentalité apparaît dans les êtres et qu'avec elle apparaissent le pouvoir du choix, de l'exécution, c'est-à-dire une liberté relative, la Providence intervient non plus par l'instinct qui, devenant peu à peu inutile, s'efface à mesure qu'augmente l'éclat de l'intelligence, mais par la direction qu'elle imprime à la vie sociale et individuelle, — orientation de la pensée, rétablissement de l'équilibre troublé par l'intelligence, direction invisible de la destinée collective et individuelle, et vers la fin de l'évolution, présentation du Sentier qui met fin à l'ignorance et aux combats, donne la connaissance des origines et des fins, des comment et des pourquoi. L'homme, autant que toute autre créature, a besoin de l'aide divine, car si l'absence de mentalité et une réceptivité limitée pour la douleur protègent, dans une certaine mesure, l'animalité contre les causes de souffrance qui l'entourent, l'homme, par sa mentalité, devient fortement réceptif pour la douleur morale et physique, et gravement responsable : tout ce qu'il accomplit se traduit par une inscription qui le rend créancier ou débiteur dans le Livre de Vie.

Le symbolisme religieux nous apprend que toute âme venant au monde est accompagnée d'un guide qui l'aime et la protège : l'Ange gardien. Nous ignorons si ce symbole est littéralement vrai, mais nous avons la certitude qu'il exprime une vérité incontestable. Dieu guide et protège l'homme par l'un quelconque des milliards de serviteurs qui forment la Hiérarchie des " veilleurs ,,. Si l'on observe l'enfance, on s'aperçoit bien vite que sa faiblesse et son ignorance sont manifestement sous la protection divine, et parmi les miracles de préservation dont bénéficie l'humanité, la plus grande partie échoit à l'enfance (1).

Les humanités évoluent sous la direction de

---

(1) Voir *Les Aides Invisibles*, par C.-W. LEADBEATER.

grands Etres, d'Aînés revenus après leur libération pour aider leurs frères cadets. Toute civilisation est inaugurée par un grand Instructeur (1) qui établit pour elle les bases d'un enseignement général, — religieux, philosophique, sociologique et scientifique, — en rapport avec les qualités et le degré de développement de la race qui va se développer. — Des Instructeurs secondaires, tous très élevés néanmoins, surveillent la race et l'accompagnent jusqu'à sa fin, se montrant à chaque période critique, à chaque moment de danger, pour rappeler les grandes Vérités qui seules donnent la félicité, revivifiant les sanctuaires en décadence, ou concourant de toute autre façon à l'œuvre du grand Instructeur qui les précéda.

Les plus développés et les plus sensitifs parmi les membres d'une race sont parfois les instruments du Guide invisible qui inspire telle invention dont l'heure a sonné, et empêche telle autre qui serait fatale à la race. L'œuvre d'union qui doit, dans l'avenir, solidariser les peuples, doit-elle commencer? Gutenberg, par l'imprimerie, mélange la vie in-

---

(1) Voir *La Sagesse antique à travers les âges.*

tellectuelle des nations, C. Colomb ouvre le Nouveau Continent à l'Ancien, et, infusant du sang nouveau dans les vieilles races, prépare à l'humanité un champ d'évolution plus vaste, ou encore, l'élan des fils du Prophète tout en semant l'Islam, porte la torche de la civilisation dans l'obscurité du Moyen Age. Le dogmatisme étouffe-t-il l'effort de la pensée ? C'est Luther qui se révolte, porte un coup mortel à la foi aveugle et empêche de s'éteindre le flambeau mourant que Rome cache sous un lourd boisseau. En d'autres temps ou d'autre lieux, Savonarolle, Bruno, Boehme, allument d'autres flambeaux devenus nécessaires.

Ici, c'est le génie qui aide au développement de l'humanité : génie littéraire qui répand de nobles idées; génie poétique qui fait descendre sur la terre les divines conceptions ; génie scientifique qui dote les races d'utiles inventions ; génie philanthropique qui crée des méthodes nouvelles dans la charité, conçoit de nouveaux plans pour secourir, et infuse des torrents d'énergie dans les œuvres d'amour; génie de l'éloquence qui réveille les consciences assoupies, et provoque de salutaires réactions dans les natures aveulies.

Là on aide des nations menacées dans leur

existence : la France, envahie de tous côtés, va périr, mais elle n'est encore qu'un enfant, il faut qu'elle atteigne sa maturité et fasse entendre dans le concert des peuples sa note particulière; Jeanne d'Arc est suscitée pour la sauver à coups de miracles. Un vieil empire doit revivre, sa léthargie cesser, ses trésors enfouis exhumés pour vivifier la spiritualité embryonnaire du monde occidental, les Guides mettent l'Inde en contact avec les plus hardis explorateurs des races nouvelles. Le Portugal, la France, la Hollande, l'Arabie, l'Angleterre, sont tour à tour mis à l'épreuve et l'empire en est confié à la nation qui sert le mieux le but poursuivi.

La Providence n'utilise pas seulement les qualités des instruments dont elle dispose, elle se sert de toutes les forces humaines, sa sagesse se réservant de transformer le mal en bien. Une civilisation future doit-elle être préparée ? Les ministres du Logos, les membres de la Confrérie des Aînés de l'humanité, de ceux qui, par la lutte ont atteint le but, et qui d'hommes sont devenus surhumains, reçoivent l'ordre et l'exécutent avec la ténacité patiente et la sagesse infaillible qui réalisent les grands projets.

Le territoire de l'empire futur est choisi longtemps d'avance, les âmes qui doivent en préparer l'avénement y sont incarnées et leur karma permet les adaptations nécessaires. L'égoïsme sera souvent la principale force utilisée, vices et passions seront mis en œuvre, et aux douleurs d'un long enfantement succèderont les jours glorieux de la maturité de la nation nouvelle. C'est ainsi que plus d'une guerre naît de la rapacité des forts ; ils recueilleront plus tard les fruits de leurs forfaits ; une Espagne triomphante sèmera sa ruine dans les massacres des conquistadores et la recueillera quelques siècles plus tard des mains des maîtres futurs des terres conquises. Les vices d'une royauté déchue feront éclore dans la conscience publique révoltée les orages d'une sanglante révolution, et du sang et de la terreur surgiront les nobles principes que l'obéissance à la loi morale aurait développés dans le calme d'une évolution normale. Des massacres affreux éteindront telle race formée par les âmes qui furent l'élément combatif, cruel, fanatique de l'enfance du christianisme et que la destinée a incarnées dix-huit siècles plus tard, au milieu du plus fanatique et du plus cruel des peuples pour qu'elles apprennent la leçon de la tolérance et de la douceur. Du perfectionnement des armes destructives naîtra et grandira dans le cœur des peuples le désir d'éteindre la guerre. Dans les malheurs de l'isolement sera enfantée l'idée de l'association. Partout, avec du mal, Dieu fait du bien, avec de l'obscurité de la lumière, avec de la faiblesse de la force, avec de la souffrance de la félicité.

Et son action n'est pas limitée aux besoins matériels des hommes, elle s'étend surtout aux germes profonds de sa nature, aux aspirations divines de son être. La " Confrérie ,, que les Aînés ont sans cesse maintenue d'âge en âge, envoie des Messagers chaque fois que la lumière menace de disparaître, chaque fois que la morale est étouffée sous l'étreinte d'un matérialisme trop lourd, chaque fois que la raison chancelle devant le sophisme, chaque fois que la foi avec son rameau d'espérance menace de sombrer dans le scepticisme. Le Messager porte en lui l'énergie spirituelle de Ceux qui vivent pour le monde ; il crée un foyer de rayonnement, un centre qui sert de véhicule au message ; des âmes capables de comprendre et d'aider sont attirées vers lui et forment ses premiers disciples ; d'autres suivent et consolident le groupe, et peu à peu est construit le réservoir que la Confrérie remplira de la Vie spirituelle. Bientôt une école nouvelle est formée qui redit au monde la Vérité oubliée, qui rappelle la route gardée par les Aînés, le Sentier qui conduit au but, et que les " Veilleurs,, jalonnent, toujours occupés à guider, à éclairer et réconforter les pèlerins ; et les religions enfouies sous les décombres d'un dogme en ruines renaissent à la vie ; dans leurs symboles apparaît une lumière inattendue et parle une voix oubliée; il s'en échappe une force divine qui fait apparaître le But de leurs fondateurs. L'humanité comprend, cesse de s'agiter dans la nuit et le progrès arrêté reprend sa course. A chaque tournant du chemin un "Guide,, stationne, dirigeant les pionniers, montrant les raccourcis aux plus hardis, donnant à tous courage et espérance.

Les pèlerins deviennent à leur tour des guides pour ceux qu'ils ont devancés dans l'ascension, et quand ils ont atteint le but, quand ils ont appris le dernier mot de l'énigme, trouvé le secret du mystère de l'être et achevé la route, ils restent pour guider leurs frères moins avancés, redescendent volontairement le sentier et, par leur sacrifice, bâtissent le Mur qui préserve l'humanité de souffrances plus grandes encore. A leur tête, couronnant cette admirable hiérarchie, se trouve Celui que la tradition mystique nomme le Veilleur silencieux, un Dieu, — jadis un homme, — qui dans les humanités passées gravit un à un tous les degrés du Calvaire sur lequel l'humanité actuelle est engagée. Cet Etre dont la douleur et l'épreuve ont fait un divin foyer, incandescent d'amour, est servi par une sagesse parfaite et une puissance qui défie l'impossible : il représente Dieu sur la terre. Servi par la Hiérarchie des surhumains, il surveille sans cesse, réajuste, harmonise, empêche qu'aucune injustice ne trouble le monde, rend féconde toute épreuve et utile toute leçon. Nul soupir n'échappe à son oreille attentive, nulle larme ne tombe inaperçue de son œil vigilant. Directement ou par l'intermédiaire de ceux qui collaborent à la grande tâche du gouvernement du monde, il répond à tout, guide tout, réconforte les défaillants, relève les vaincus, éclaire tous les aveuglements et répand sa grâce sur toutes les erreurs.

La Grâce.

La grâce, Vie divine de l'univers, répandant partout la force, la lumière et l'amour, a sa source dans le Logos et pénètre le monde.

Elle n'est pas une faveur.

Tout homme qui par un acte d'amour, de confiance ou de foi s'adresse à l'Eternel, en reçoit la grâce, car il a créé par son attitude les conditions qui rendent manifeste la force divine qui soutient l'Univers. Comme le fluide électrique, par son passage à travers un fil de platine produit de la lumière, le cœur humain momentanément élevé vers Dieu, transforme la Vie divine en grâce, qui l'inonde et le relève.

La prière en est l'agent, — appel du naufragé à bout de forces qui crie au secours, supplication qui montre que la leçon de l'épreuve est apprise et qu'une prolongation de la douleur serait une cruauté.

La grâce naît dans le cœur, car il est le siège de la parcelle divine, le trône de la Divinité dans l'homme, la place du "Père en secret,,, le passage vers le Logos, vers l'Infini, l'antichambre des " Portes d'Or ,,. Priez Dieu *dans votre cœur*, vous que le désespoir écrase, et sa force vous relèvera, Molinos n'a fait que retrouver, comme tant d'autres mystiques, l'antique secret.

Plus l'homme monte, plus la grâce lui devient nécessaire. Plus il aime et se dévoue, plus il reçoit. C'est pour ceux qui vont entrer définitivement sur la voie du sacrifice que sont surtout réservées les forces spirituelles, fruit du sacrifice des Aînés, car ils vont les distribuer dans le monde.

La Respiration de l'Univers.

Dieu tour à tour projette sa vie dans l'Univers et la rappelle à lui. Depuis le globe le plus glorieux jusqu'à l'organisme le plus infime, tout participe à sa respiration. Les êtres absorbent et rejettent, et de ces échanges incessants qui renouvellent et transforment les corps, résulte la vie des individus. La force qu'ils absorbent, ils la modifient en se l'appropriant, et quand ils la rejettent, elle est devenue inassimilable à leur organisme, elle est souillée et passe dans l'appareil chargé de la purifier. Redevenue apte à opérer de nouvelles transformations, elle est remise en circulation.

Le corps humain possède pour chaque appareil un centre de purification; le poumon purifie le sang que les échanges organiques ont rendu impur ; l'air expiré se purifie dans l'atmosphère, dans les mouvements de la mer et celui des fleuves ; la planète a aussi ses appareils purificateurs inconnus, et la chaîne planétaire à laquelle nous appartenons est munie d'un cul-de-sac obscur où ses scories subissent la refonte : le creuset revivificateur, la mystérieuse huitième sphère.

Quand la force divine a été utilisée par les milliards d'êtres qui composent l'humanité, elle est rejetée impure, polluée. Si, grâce à leur perfection, les êtres parfaits la rejettent immaculée, les jeunes et les ignorants la convertissent en une force de mal qui créerait dans la masse humaine une terrible peste morale si elle n'était détruite. Elle opère d'abord les réactions karmiques nécessaires à l'éducation des âmes, puis, son œuvre accomplie, elle est absorbée par le grand épurateur de l'Univers, la Hiérarchie d'êtres qui s'élève de la base au sommet de l'échelle spirituelle, du plus humble des aspirants qui s'efforcent d'atteindre le Sentier spirituel au plus glorieux des Logoï. Chacun de ces collaborateurs de

Dieu participe à l'œuvre commune de la transmutation ; chacun consent à recevoir une portion de ces déchets et à la purifier dans le creuset de son âme, au prix de la lutte et de la douleur chez les âmes imparfaites, par l'effort et la patience chez celles qui ont dépassé la zone de la souffrance. Et quand les forces souillées ont repris leur pureté primitive, elles se mêlent au grand Souffle et reparcourent le monde pour lui donner la vie.

Le Mur gardien de l'Humanité.

Nous avons dit un mot précédemment de ce mur providentiel. Précisons un peu mieux ses fonctions.

Dieu crée toutes choses par le Sacrifice.

La création entière participe à cette loi de sacrifice. Tout vit par les échanges de la solidarité. La bonne Loi a établi que celui qui donne reçoit, tandis que l'avare obstrue le canal qui lui porte les dons de la Vie et meurt. La branche ne peut garder la sève que si elle bouche le canal qui la fait retourner aux racines ; mais alors toute circulation est interrompue en elle, et la stagnation établit la mort. La fonction capitale, unique de l'homme divinisé, c'est de projeter sur la terre les qualités divines, et son devoir fondamental, c'est le don. Dieu nous donne tout sans rien s'approprier, et ce qu'ii reprend, c'est pour le purifier; il recoit dans son sein les eaux bourbeuses pour les rendre cristallines, et les redonner ensuite purifiées.

L'homme qui foule le sentier de la divinité est devenu un canal des eaux de la Vie du monde, il transmet tout ce qu'il reçoit, rien n'est à lui, il n'est qu'un dépositaire fidèle. Ses pensées, ses actes sont un sacrifice, un don joyeux à l'humanité, à ses frères en souffrance. Il renonce à tout, et quand il abandonne son corps physique, la somme des forces spirituelles qu'il a produites, — amour, compassion, désir d'aider, volonté de rendre tous les êtres heureux, sagesse, fruit de l'intelligence et de l'amour, il consacre tout sur l'autel de Celui qui est le Feu vivant du Sacrifice dans le monde. Il renonce aux âges de bonheur que ces forces lui *doivent* s'il consent à passer dans le monde où elles pourront être dépensées. Il renonce au ciel particulier auquel il a droit, — Dévachan ou Nirvana, — il se sacrifie et demande à la Loi de lui permettre de redescendre dans le monde qu'il vient de quitter, pour y aider l'humanité en labeur. Et sa moisson de forces est déposée dans le grenier général d'où la Providence tire le secours chaque fois qu'une crise menace les hommes, chaque fois que la disette morale afflige ou désespère l'humanité.

Quand le monde physique ne réclame pas leur aide, les êtres divinisés demeurent dans les mondes supérieurs, aidant par leur action directe sur les corps subtils de l'âme, — les corps les plus importants puisqu'ils représentent l'homme supérieur, l'homme spirituel, le "guerrier,, qui, lorsqu'il sera sorti des langes de l'enfance, prendra directement en main les énergies grossières qui constituent l'homme de chair et les fera servir au triomphe de l'évolution, aux destinées de l'esprit qui doit finalement arriver à dominer complètement la matière, sa servante.

Telle est la fonction de ces pierres vivantes qui forment le Mur gardien de l'Humanité, le Mur de la Providence.

Tout homme peut, par le sacrifice, marcher sur les traces de ces glorieux Aînés. L'intelligence n'est pas le signe de la grandeur ; on est grand quand le cœur gouverne la tête, quand on aide et on renonce, quand on fait don des trésors reçus de Dieu, quand on vit pour les autres. Le plus noble des objets que puisse se proposer un homme, c'est de vivre la fraternité parfaite.

Qu'importent les désaccords de pensée ou d'opinion et les variétés des sentiments personnels ! Tout être est une étincelle divine, un fils de Dieu, un frère, un autre nous-même. Quel qu'il soit, aidons-le, dès que nous prenons contact avec lui ; le progrès détruira ses défauts, grandira ses qualités, et le jour viendra où il sera un parfait représentant de la Divinité.

Les Guides.

Quand après de longs siècles de labeur et de souffrance, l'homme a entrevu la vérité qui se cache au fond de l'énigme de la vie, sa vision éclairée lui montre la route : une longue spirale enroulée sur les flancs d'un pic, avec un chemin escarpé qui s'élance hardi, presque vertical, reliant les spires du milieu de la route au sommet perdu dans la lumière. Il comprend la signification de la douleur, le but final de ses efforts durant cette longue marche de la nuit à la lumière. Il fait alors son choix, le choix entre la route facile, mais longue, peu utile à ses frères, et le chemin dangereux qui lui permet d'assister ses compagnons de pèlerinage et d'approcher rapidement du terme de l'évolution.

Ce chemin côtoie des précipices, les rochers l'encombrent, les fondrières s'y dissimulent ; sur les arbustes s'épanouissent des fleurs aux parfums suaves, mais soporifiques jusqu'à la mort ; aux arbres pendent des fruits qui donnent le délire ; le vertige est le compagnon constant du pèlerin dont les efforts sont tels qu'il tombe parfois abattu, découragé, inerte, comme le soldat à qui les rigueurs de la campagne font désirer la mort.

C'est sur ce sentier étroit comme le fil d'un rasoir, que le solitaire a surtout besoin de conseils et d'aide. Le Guide se présente alors : il est le pilote et le mentor, l'ami et le sauveteur, l'Aîné, le Père. Grâce à sa sagesse, à sa prévoyance, à son amour, à sa force, le disciple peut monter le rude escarpement et, chaque fois qu'il chancelle, la main du Guide le soutient ; quand la fondrière l'enlise, le bras de l'Ami l'en retire ; quand ses forces l'abandonnent, l'Aîné lui offre les siennes ; quand, pour étancher sa soif, il va porter à sa bouche un fruit empoisonné, la voix du Mentor l'en détourne, et s'il veut s'endormir sous un ombrage délétère, le Père l'en dissuade. Enfin le sommet est atteint, les dures étapes franchies, le pied touche le plateau libérateur. Toute route est maintenant facile, il possède force et sagesse ; il les mettra au service de ses frères laissés au loin sur le chemin.

La Hiérarchie.

Les conditions du développement de l'être sont dans l'action, les facultés grandissent par l'activité, le muscle exercé devient plus volumineux, la passion cultivée devient impérieuse, la mentalité exercée étend son empire ; pour que la spiritualité devienne forte, il faut qu'elle trouve un aliment dans les actes ; en aimant, l'homme devient meilleur ; en se donnant, son pouvoir de sacrifice augmente; sa volonté grandit par les difficultés et les obstacles. Pour que l'homme se divinise il doit donc collaborer à l'œuvre divine, et la caractéristique suprême de cette œuvre c'est le don de soi, par l'amour. Quiconque aime est heureux de se donner à l'objet de son amour, celui qui foule le sentier de la divinité aime les êtres et se donne joyeusement à eux. L'échelle qui s'élève des origines à la fin de l'être individuel commence et finit dans Dieu à travers l'immensité du Logos ; elle est sans fin, mais complète de toute éternité ; pas un échelon n'y manque; l'Infini n'ayant jamais été sans se manifester, il n'est pas de commencement aux êtres, de tous temps il y a eu des humanités, quelle qu'ait pu être la forme des corps à travers lesquels elles ont évolué; sans cesse la chaîne des êtres a été complète, toujours il y a eu des nouveaux-nés et des vieillards, des monades naissantes et de resplendissants Logos, soleils divins fixés dans le ciel de l'Éternel; toujours les Aînés ont aidé les jeunes ; éternellement la divinité des Grands a soutenu et conduit l'humanité des petits : l'échelle des êtres est comme un immense canal portant la vie de Dieu à tous, un Ashvatta dont les racines s'élèvent dans les profondeurs du ciel et dont les rameaux plongent vers la terre. Il faut un réseau au cœur divin pour qu'il puisse irriguer le corps du monde et que chacune de ses cellules, chaque être, vive de la grande vie de Dieu.

Cette Vie est portée à travers les espaces par de grandes ondes chantant l'hymne divin ; quand elle s'engouffre dans ses canaux de distribution elle est dirigée par les Auxiliaires de l'Amour divin, par les Aînés, par tous ceux qui, ayant développé leur divinité, peuvent participer au Grand Sacrifice, — armée d'ouvriers de l'Amour suprême qui veille et se donne, Hiérarchie qui, du Logos, pénètre le monde, formant les sept grands canaux que les Religions ont nommés différemment, mais auxquels toutes ont attribué la même fonction. Séphiroth, Prajapatis, Esprits de la Présence, qu'importe le nom ? Ils sont les chefs Veilleurs, recevant directement les ordres de Dieu et les transmettant à ceux qui, sous leurs ordres, répercutent la Voix de la Providence à travers l'Univers.

Rien ne peut échapper à cette phalange divine, nul être ne peut souffrir injustement : la Toute-puissance est à nos côtés, l'Amour omniprésent nous entoure, la Sagesse suprême nous protège. La Hiérarchie assure à tous Justice et Amour ; elle est l'instrument de la Providence.

CHAPITRE III

L'ACTION DE L'HOMME DANS LE MONDE.

Liberté. — Fatalité. — Prédestination. — Déterminisme.

Le rôle des êtres dans l'Univers est extrêmement restreint. Pendant des siècles sans nombre ils sont charriés comme des épaves par le fleuve de la Loi et confiés à la maternité de la Providence qui, par les chocs de l'ambiance, éveille leurs âmes et leur fournit en même temps les organes de sensation et d'action dont ils ont besoin pour établir des relations avec le monde extérieur et y puiser des éléments d'accroissement.

Aux débuts de l'humanité, pendant les époques de bestialité sauvage, l'activité de l'âme est presque entièrement limitée à des phénomènes de sensation, — sensations grossières auxquelles préside le désir, sans immixtion du plus vague élément volontaire ; parfois c'est l'impulsion, ardente souvent, mais dans laquelle l'élément mental qui doit la préciser, l'affiner, la rendre pénétrante, est insuffisant. Le sauvage est l'esclave de sa nature passionnelle et de presque toutes les forces de l'Univers qui l'influencent ; ce n'est que plus tard que la liberté commence à poindre dans ses actes.

Le Libre Arbitre

L'un des problèmes les plus passionnants, les plus complexes et les plus ardus que se soit posés l'esprit humain est, sans contredit, celui du libre arbitre. L'homme est-il libre ou un simple jouet entre les mains de l'Inconnu ? Est-il capable de vouloir librement ou est-il déterminé à son insu par la pression des circonstances ? Qu'est la liberté, qu'est la fatalité ? Dans quelle mesure appartient-il à l'une et à l'autre ? Et s'il participe des deux, s'il est tantôt libre, tantôt déterminé, quel est, en lui, l'empire de la liberté et celui du déterminisme ?

Grave problème, en effet, problème complexe, redoutable, dont la solution peut écraser l'homme sous le poids du désespoir, ou lui donner les ailes de l'espérance. Dans toutes les théories offertes, dans tous les exposés présentés, dans toutes les clefs données il nous semble que rien n'approche en lumière et en grandeur de la solution que les enseignements théosophiques permettent de trouver ; nulle théorie ne couvre aussi bien tous les faits, toutes les situations, nulle clef n'ouvre autant de secrets, ne révèle autant d'énigmes. Aussi la présenterons-nous avec confiance, malgré l'imperfection que notre ignorance lui fera revêtir, espérant que d'autres plus éclairés et plus habiles en corrigeront les défauts et la rendront inébranlable.

On pourrait définir le libre arbitre : l'usage parfait de pouvoirs parfaits. Les pouvoirs de l'homme sont le produit de la force de l'âme sur les centres d'action ou de sensation de ses corps (1). Ces centres se développent lente-

---

(1) L'Ame, étincelle de la Flamme divine, possède toutes les qualités possibles, mais elles sont en elle à l'état potentiel. Cause abstraite, non manifestée, de toutes les forces, de toute vie des véhicules humains, elle reste une cause inconsciente des effets produits tant que les corps (véhicules) qu'elle vivifie ne lui ont point donné la mémoire, et la connaissance

ment, comme une plante, et ne deviennent parfaits qu'à la fin de l'évolution.

Pour être libre, l'homme doit, à la fois, être maître des pouvoirs qui peuvent devenir des agents de mal, — ses sensations, désirs, passions, impulsions, — et avoir développé entièrement ceux qui sont des forces de bien. Autrement dit, il doit posséder une intelli-

du manifesté ; aussi la décrit-on, pour cette raison, comme un spectateur du drame humain. Quand elle a développé un " moi ,, elle commence une vie consciente individuelle et dirige de mieux en mieux les actions de ses véhicules. Elle dirige mais elle n'agit pas au sens ordinaire du mot ; l'activité est l'apanage du fini, du manifesté, de la matière, et non de ce qui est abstrait, infini, non manifesté. Quand elle projette sa vie dans un véhicule, elle y développe une série de qualités, parmi lesquelles se trouve la volonté finie propre à ce véhicule. Elle détermine ainsi ce qu'on peut appeler : la volonté du corps physique, — le " désir de vivre ,, qui s'impose plus ou moins à notre conscience physique ; la volonté du corps astral, — le besoin de sensation qui se fait sentir d'autant plus vivement que le corps astral est plus actif ; la volonté du corps mental, — la volonté de vivre comme " moi ,, la force qui veut toutes choses pour soi, la plus terrible des forces humaines ; la volonté du corps bouddhique, — le désir de se donner, d'aider, de soulager la souffrance. Que peut être la volonté du corps atmique ? Probablement le désir d'accomplir la Loi. Au-dessus, la volonté n'est plus exprimable tant elle se confond avec la Volonté absolue, l'Ame.

Le libre arbitre est la résultante de ces volontés diverses. Tant que le foyer *individuel* suprême, — la volonté atmique, — ne possède pas l'empire absolu, la liberté humaine n'est point parfaite.

gence parfaite, capable de connaître tout objet auquel elle s'applique, un cœur parfait, rayonnant d'un amour immense, une compassion souveraine, un don de soi royal ; il doit enfin être doué d'une volonté puissante, irrésistible : il doit être parfait en tous points, dans tous ses corps. Le vicieux est enchaîné par ses passions ; l'ignorant est l'esclave de la nescience ; le méchant n'est pas libre d'aimer: le faible ne peut manifester la vaillance du héros.

*
* *

Envisagé à un autre point de vue, le libre arbitre est composé de deux éléments fondamentaux : le pouvoir parfait du choix et celui de la réalisation.

Le choix est déterminé par la résultante des forces diverses qui se jouent sur le champ humain. Aussi longtemps que la divinité ne domine pas la mentalité et l'animalité, l'homme n'est pas libre de son choix.

Le choix parfait est en conformité parfaite avec la Loi, car la Sagesse ne peut vouloir que la Loi. Aussi longtemps que les forces inférieures dominent, le choix ne pouvant être parfait, l'homme est esclave de ces forces.

Nous avons vu (1) que chaque corps, dans l'homme total, représente une conscience particulière qui donne l'illusion d'un homme séparé : l'homme animal, l'homme mental, l'homme spirituel, l'homme divin. Parmi ces consciences, la plus parfaite sera celle manifestée par le corps divin ; tant que cette dernière n'a point obtenu la domination entière, constante, incontestée de toutes les consciences inférieures, l'homme peut être esclave des impulsions ou des décisions de l'une de ces dernières.

En admettant que l'homme sauvage, — l'homme représenté par la conscience du corps astral, celle qu'il partage avec l'animal, — soit l'homme de la fatalité et que l'homme libéré (2) — représenté par la conscience du corps divin qui fait de lui un parfait coopérateur de la Divinité, — soit l'homme de la liberté, toutes les variétés de types humains placés entre ces deux types extrêmes appartiendront à l'homme du déterminisme, dont les résolutions sont constamment les résultantes de ses systèmes de forces divers, — d'autant

---

(1) Chapitre I.
(2) L'homme libéré du joug de toutes les forces inférieures, uni avec la Loi, parfait.

plus esclave de la fatalité qu'il est plus près de la matière, d'autant plus près de la liberté qu'il s'approche davantage du divin.

．•．

Cette analyse sommaire des conditions du choix peut s'appliquer au pouvoir de la réalisation.

Il ne suffit point d'être libre de choisir, il faut qu'aucune entrave ne s'oppose à l'exécution. Celle-ci est confiée à la volonté, — cet élément mystérieux qui est le centre et la cause de toute vie, de toute énergie, de tout pouvoir d'agir. Chaque être, en effet, est essentiellement une puissance d'action ; la caractéristique suprême de la vie, c'est l'activité ; un être incapable d'agir d'une façon quelconque, — par l'action physique, morale, mentale ou spirituelle, — serait une chose morte. Le mouvement est la propriété *sine qua non* de la vie, la condition absolue de l'évolution. L'être commence à se mouvoir avant de savoir qu'il existe, ce n'est que lorsque la moitié de sa route est accomplie qu'il prend une conscience nette de soi, et le troisième facteur de son évolution, — l'amour,

— ne se présente qu'à la fin du pèlerinage dont il est la floraison.

Le pouvoir d'agir est représenté dans chacun des corps de l'homme par un centre spécial.

Neutre en soi, ce pouvoir peut servir au mal ou au bien, être d'accord avec la Loi ou lui être opposé ; c'est à l'intelligence dirigée par l'amour de le guider. Dès que la volonté humaine mal dirigée se trouve en conflit avec la Volonté divine représentée par les lois de la nature physique et morale, l'homme est vaincu : c'est la fatalité qui le heurte et l'écrase. Et il est heureux qu'il en soit ainsi, car, privé de l'aiguillon de la Loi et livré à son ignorance, l'homme se perdrait dans les fondrières de la vie. Dieu a créé les êtres pour les diviniser, pour les rendre parfaits, et sa volonté a conçu un plan d'évolution que sa puissance impose, et, tôt ou tard, bon gré mal gré, tout être sera ramené dans le sein de l'Eternel.

La liberté véritable est l'apanage exclusif de l'homme libéré, car nul ne peut s'opposer à la Loi ; chacun doit se servir d'elle et lui emprunter sa force. Etre libre c'est être parfait, uni au Logos, c'est être maître de l'antagonisme des forces qui constituent le monde manifesté, où tout existe grâce à son contraire, et où la statue de la Liberté a pour piédestal la Fatalité.

Nous résumerons le problème ainsi : Les êtres non mentalisés sont soumis à la Fatalité de la Bonne Loi qui, à leur insu, les conduit à la Sagesse et à la Liberté.

L'homme, grâce à la Loi qui le ramène sans cesse au chemin quand son ignorance l'en écarte, s'élève graduellement de la fatalité à la liberté, à travers une longue période de déterminisme.

L'homme libéré, uni à la Loi, est libre avec Dieu.

La Destinée et la Fatalité.

Ceux qui n'ont qu'une idée vague du Karma ne voient guère parmi les résultats des actes que ce qu'on nomme les punitions. Ils ne remarquent point la récompense qui se présente chaque fois que l'action a été en harmonie avec la Loi. Et dans les milieux moins initiés encore, une erreur plus grave fait considérer le Karma comme synonyme de fatalité, de loi rigide comme le fer et dont les décrets immuables règlent et décident d'avance tous les événements de la vie ; on y croit, comme chez les Musulmans, que Kismet exige rigoureusement des sanctions édictées au préalable.

A quoi sert d'agir, disent-ils ? laissons-nous frapper, puisque toute tentative de fuir est inutile ; attendons que la roue du destin nous ramène du côté ensoleillé de la vie. Pourquoi essayer d'aider l'infortune qui succombe sous l'avalanche de la ruine ou du malheur ? Le Karma s'oppose à tout secours, il rend tout effort stérile. Contentons-nous de regarder souffrir autour de nous ; la sagesse, — il est triste de le dire, — consiste à cuirasser le cœur contre la douleur supplémentaire causée par la pitié. Le Karma fait souffrir pour ramener les errants et les égarés, pourquoi voudrions-nous être plus sages ou plus compatissants que lui ?

Etrange aberration de l'égoïsme humain qui oublie que le Karma peut nous avoir mis en présence d'une douleur à calmer et que l'inaction est un crime ; qui oublie que si le décret est fatal, notre aide n'en empêchera pas l'exécution, mais que la force de la pitié qui n'aura pu être utilisée restera comme une énergie spirituelle dans l'atmosphère du monde et diminuera la somme des forces de mal qui pèsent sur les hommes. Pourquoi, dans l'incertitude, ne pas écouter la Voix infaillible, le Conseiller qui ne trompe jamais et auquel on n'obéit jamais en vain, le cri du cœur qui dit que partout et toujours le malheur a droit au secours, que le devoir le plus strict, le plus doux, le plus noble, c'est d'essuyer les larmes ?

Croire le Karma indestructible, fatal, c'est oublier, qu'il est une agglomération de forces, les unes hostiles, les autres bienfaisantes, mais toutes obéissant à des lois, et qu'en intensifiant les unes, — celles qui aident, — et en neutralisant les autres, — celles qui heurtent, — nous pouvons toujours modifier leur résultante : parfois légèrement, souvent profondément, quelquefois entièrement.

La Prédestination.

Les mêmes erreurs se représentent aux époques diverses sous des noms différents. Celle que nous venons d'étudier comme fatalité karmique et qui s'est rencontrée dans l'Islam exotérique comme Kismet, s'est infiltrée aussi dans le Christianisme sous le nom de Prédestination.

Comme celle-ci intéresse spécialement le monde occidental et les étudiants en théosophie qui appartiennent au christianisme, nous lui consacrerons quelques lignes.

D'après ses promulgateurs, la prescience parfaite de Dieu (prévoyant que l'ignorance et la faiblesse des âmes qu'il à créées les condamnaient fatalement à la perdition) aurait décidé d'accorder sa grâce à un certain nombre d'entre elles et d'abandonner les autres, — le plus grand nombre, — à leur destruction.

Peu de thèmes religieux ont soulevé tant de disputes et provoqué tant d'anathèmes. Certains Pères de l'Eglise, entraînés par la logique, ont admis que Dieu prédestinait le petit nombre au ciel, et le plus grand nombre à l'enfer, sans aucune raison plausible, si ce n'est le caprice insondable de sa Sagesse. Luther, avec la même terrible rigueur de raisonnement, a constaté le fait purement et simplement, sans chercher à l'expliquer. La majeure partie des chrétiens dirigeants, sentant combien profonde était l'atteinte ainsi portée à la bonté divine, ont condamné Luther et même le plus grand des Pères qui admettaient cette opinion, saint Augustin, mais sans réconcilier beaucoup mieux la raison et la bonté de Dieu, et c'est un spectacle curieux de voir par quelles arguties spécieuses, par quels raisonnements enfantins et quels sophismes parfois, ils se sont efforcés de rendre acceptable un dogme aussi absurde que cruel. Et pourtant, n'est-il pas évident que croire à la prédestination c'est admettre que la bonté est absente de l'Univers ou que la puissance créatrice est insuffisante pour rendre justice à l'homme, que c'est nier Dieu en refusant la perfection à ses attributs ? Le plan de l'Univers est aussi parfait que le comporte l'imperfection du manifesté ; le but de la création est sublime ; une puissance irrésistible le réalise, et dire que, sans un effort supplémentaire de Dieu, sans la grâce, les âmes sombreraient dans l'enfer, c'est proférer une absurdité ; l'évolution est calculée de façon à pousser sans cesse les âmes vers le but, à les entraîner malgré elles, et le retard qu'elles peuvent apporter à leur perfection est réellement minime en comparaison du grand Age.

Croire que Dieu donne sa grâce aux uns et la refuse aux autres, c'est plus qu'une absurdité, c'est un blasphème qui n'a pour excuse que l'ignorance profonde des hommes.

Pourtant, toute erreur est le travestissement d'une vérité, et ici encore le flambeau théosophique va nous aider à trouver l'esprit enfoui sous la lettre.

La vue de certains maux inexplicables, — ceux qui frappent dès le berceau, comme chez les mort-nés, les idiots de naissance, les sourds-muets congénitaux, — a forcé l'intelligence à se replier sur elle-même, et à chercher une explication à ces phénomènes déconcertants. C'est alors que des doctrines plus ou moins rationnelles sont intervenues : Kismet, ont dit les uns, Karma ont crié les autres, Prédestination, c'est-à-dire caprice divin, ont affirmé les moins raisonnables.

Voici la vérité :

L'homme naît bon ou mauvais, intelligent ou borné, heureux ou malheureux, selon la nature des semailles qu'il a faites au cours de ses vies antérieures ; il récolte fatalement ce qu'il a semé, et se prédestine ainsi à la félicité ou à la souffrance.

Chaque fois qu'un homme termine une

vie terrestre, les Divinités (1) qui président à l'évolution humaine procèdent à l'inventaire des forces créées par cet être dans sa dernière incarnation et dans toutes ses existences précédentes, et, dans cette masse, font un choix. Elles déterminent, d'abord, quelle est, pour cet homme, la ligne de moindre résistance de son évolution, et la lui font suivre. Ils préparent le plan du modèle (2) du corps physique qui doit servir d'instrument à l'âme au cours de sa prochaine incarnation. Car l'ensemble des activités d'une existence est strictement lié à la constitution du corps physique qui doit exprimer les facultés acquises par l'âme. Pour que ce corps rende l'évolution le plus rapide possible, il doit être construit de façon à manifester la combinaison de qualités et de défauts la plus avantageuse pour le progrès de l'individu. Comme le corps est trop limité pour pouvoir manifester la totalité des qualités développées par l'âme, de la combinaison particulière à une incarnation seront exclues un grand nombre de possibilités, — des vices trop gênants seront laissés latents

---

(1) Les êtres divins que la *Doctrine Secrète* nomme " Lipikas ".
(2) Ce que la théosophie nomme le *corps éthérique*.

dans les corps invisibles et mis en réserve pour une manifestation future ; des vertus qui ne peuvent trouver place dans le système de forces actuel restent également sans moyen d'expression ; l'homme pourra les sentir vaguement au fond de lui-même comme des choses existantes, des énergies dont il est possesseur, placées quelque part en lui, mais à une profondeur qui défie son atteinte : tel ressentira le bouillonnement vague de l'harmonie musicale ; tel autre, les énergies qui font l'éloquence ou toute autre faculté, mais ces choses, vivantes pourtant en lui, seront insaisissables et frustreront ses efforts pour les exprimer.

L'ensemble des forces choisi pour diriger cette vie particulière sera seul actif, seul manifesté, seul utilisable, et déterminera, par conséquent, un ensemble spécial de facultés et d'événements fortunés ou malheureux, mais dont la résultante sera utile à l'évolution de cet homme.

L'imprévoyant et le paresseux traîneront partout les effets de leurs défauts, leur existence entière en portera l'empreinte ; de même la noble intelligence d'un homme de cœur sera sans cesse pour lui et pour tous un phare inestimable.

Ainsi la Providence, par le modèle d'après lequel est édifié le corps physique, rend latentes certaines qualités et rassemble les éléments dont le concours développera telle vertu absente, ou détruira tel vice existant. Il s'ensuivra que telles facilités ou tels obstacles seront fatals dans la vie à laquelle on les destine; l'homme les apportera en naissant, en subira inévitablement les effets. Telle est la vraie fatalité, la véritable prédestination.

Mais la souffrance est le grand remède au mal : grâce à elle, l'homme grandit et devient fort. Loin de mettre tant d'empressement à l'éviter. nous devrions la bénir et attendre son heure avec calme, sachant que nous sortirons de ses mains plus purs, meilleurs, plus grands. Dieu frappe parce qu'il aime, dit la tradition occulte chrétienne. Bon gré, mal gré, les âmes s'épanouissent et apprennent la Loi : la douleur qui les torture, si elles veulent lutter contre le courant, les oblige tôt ou tard à obéir, à coopérer volontairement à l'œuvre du monde.

La prescience divine voit ce que sera l'évolution avant que celle-ci n'ait commencé, elle la combine pour atteindre pleinement le but ; il ne saurait y avoir de sa part ni erreur, ni défaillance.

Tels sont les rapports du Karma et de la Fatalité : fatalité relative, nous l'avons vu, limitée à certains groupes d'activités, et que la volonté individuelle peut, d'ailleurs, modifier dans une mesure plus ou moins grande. *Astra inclinant, non necessitant*, dit l'astrologie. L'homme naît avec des tendances auxquelles il peut obéir ou contre lesquelles il peut lutter, selon ce qu'il décide. Il se trouve face à face avec des forces qui, toutes, sont ses créations ; il a fallu l'acquiescement de la volonté pour les produire ; des efforts volontaires seront nécessaires pour les détruire, mais la volonté reste maîtresse.

Quelques cas de fatalité karmique.

Il est des événements devenus si proches que, dans l'ignorance où l'homme se trouve par rapport à eux, ils sont inévitables, — fruits mûrs, ils vont incessamment tomber. Nous devons les accueillir avec courage, et en tirer la leçon qu'ils comportent. Quand la dette est payée, la loi l'efface de son registre.

Il est aussi, mais rarement, certains autres actes devenus fatals. Quand l'homme, par un désir persistant, cultive pendant longtemps certaines forces de mal, un moment arrive où le centre qu'elles ont développé est devenu si fort qu'il sera souverain bientôt. Son énergie devient égale à la volonté de son auteur ; les plateaux de la balance du désir et de la volonté se font équilibre ; une impulsion nouvelle suffit pour faire pencher le plateau du mal : un acte est commis, — un crime parfois, — sans que la conscience ait eu le temps de prévenir, avant que la pensée ait pu lui faire opposition.

Un certain nombre d'actes deviennent ainsi habituels d'abord, puis automatiques, et ce fait ne nous échappe que parce que ces actes sont souvent peu importants et que l'habitude du soi-examen n'existe pas en nous. Pourtant, chose grave, plus d'un meurtre est l'ultime résultat d'une longue série de pensées de haine ; une dernière poussée donnée au centre du mal fait lever le bras et celui-ci frappe automatiquement, sans l'intervention de la volonté. Il n'est guère aujourd'hui que des âmes-enfants (1) ou des victimes d'un

---

(1) Les âmes qui animent les corps de sauvages ou les spécimens les plus bas de l'humanité civilisée.

centre passionnel devenu dominateur qui puissent être des criminels.

L'on trouve aussi, dans les forces créées jadis, l'explication du défaut paradoxal de parallélisme entre la pensée, les paroles et la conduite des hommes, — de ceux mêmes qui ont atteint à un degré élevé d'évolution. Ces individus, dont le présent est activement orienté vers la perfection et dont la conduite générale est d'habitude assez bien adaptée à leur haut idéal, commettent parfois de lourdes fautes, des fautes qui sont une énigme pour tous et font douter les ignorants de la sincérité de la parole et des écrits de ces hommes.

La direction de leurs aspirations actuelles les pousse vers une admirable élévation, mais l'élan des forces passées imprime à leur marche des oscillations inattendues qui les renversent dans les circonstances difficiles.

L'action présente est le fruit de la pensée passée.

La pensée actuelle sera vécue dans l'avenir.

La destruction du Karma.

L'homme n'est soumis au Karma que d'une façon relative: bien des portes existent pour y échapper. Nous ne voulons point dire qu'il soit possible d'éluder la réaction des énergies libérées, non. Mais toute force peut être neutralisée par une force opposée, prix de son rachat, et cette intervention transforme la nature du choc qu'aurait eu la réaction normale, et peut lui enlever son élément douloureux.

Il est une raison plus générale à la destruction des forces de mal. Chacune d'elles porte en soi le germe de sa mort, — ainsi l'a voulu la divine Bonté. Le rétablissement de l'équilibre est si constant et si facile dans l'évolution qu'on le dirait entièrement automatique.

Le prodigue est conduit à la sagesse par l'excès même de son défaut ; la souffrance qu'entraîne le vice est le gage de son extinction. L'obstination humaine la plus forte se brise contre l'éternité des desseins de Dieu ; l'endurance la plus grande ne peut résister à l'aiguillon de la Loi. Quand l'âme, au cours de la revue du passé qu'elle effectue dans la paix du ciel (1), y rencontre la souffrance, elle en cherche la cause, la note et dans les vies futures, par l'impulsion souveraine de sa voix, —

---

(1) Le ciel a pour but principal l'assimilation des résultats de la vie écoulée.

la voix de la conscience, — s'efforce de mieux diriger les activités de ses véhicules. Finalement, ses conseils sont suivis, l'orientation de ses instruments est changée, et la paix suit l'obéissance à la Loi.

Il est une autre cause à l'extinction du mal. Les véhicules supérieurs, par une admirable loi providentielle, grandissent sans cesse, même par les erreurs de l'homme de désir et d'égoïsme; la solidarité intime qui lie les corps fait partager à tous la vie que reçoit chacun d'eux; la sensation, par ses dérivés, l'émotion et la passion, concourt incessamment au développement de la mentalité, et le jeu des forces mentales éveille l'activité spirituelle (1). Chaque incarnation fournit sa part à l'édifice divin que l'évolution élève au cours des âges, et, avec les progrès de la construction, l'influence de l'homme supérieur domine celle de l'homme d'égoïsme et de sensation. Le temps nécessaire à l'établissement de sa suprématie est long, mais son heure sonne tôt ou tard; l'homme de chair peut résister plus ou moins, mais le triomphe de l'ange est assuré, aussi le *Bhagavad Gîtâ* (2), dit-il au candidat :

(1) Manas supérieur éveille Buddhi.
(2) Magnifique poème hindou.

Combats comme celui qui ne désire nulle victoire et ne redoute aucun échec. De même que, par ses chutes, l'enfant apprend à marcher, les défaites de l'enfance de l'âme sont le gage des victoires de la maturité.

Pour être mieux compris et compléter ce point nous renvoyons ici au chapitre I, où sont décrits les moyens dont l'âme se sert pour dénouer les liens karmiques.

Après avoir consciemment et volontairement détruit les centres de mal, intensifié les forces de bien dans ses véhicules et assuré la suprématie de l'homme divin (1), l'âme concourt à la destruction des forces de mal qui enveloppent le monde, par l'action neutralisante que possède sur elles la racine de toutes les forces de bien, — l'Amour.

Elle commence à vivre consciemment dans l'Eternel, dans le Logos qui donne la vie au monde, et devenue ainsi un centre actif de vie dans la Vie, elle répand sans cesse des effluves de bien, des forces harmoniques qui éteignent les forces de trouble répandues dans l'atmosphère morale du monde.

---

(1) Le corps causal avec la Trinité *Atmâ-Buddhi-Manas* qu'il contient.

Et quand les pouvoirs de sa Divinité ont pleinement fleuri, elle entreprend une œuvre spéciale, une œuvre personnelle qui anéantira les dernières entraves qui la gênent pour aider le monde. Elle examine minutieusement son passé, y recherche la trace des maux qu'elle a causés çà et là pendant ses années d'ignorance, et les détruit directement. Elle trouve ainsi telle âme à qui elle a jadis barré la route, telle autre qu'elle a détournée de la voie du devoir, telle autre pour qui, au cours d'une association terrestre, elle a été un fléau, et quand elle les a retrouvées, dans un monde ou dans l'autre (1), elle aide ses victimes et, par l'amour, compense le mal créé.

Enfin, elle peut se libérer, elle a cessé de nouer des liens qui enchaînent à la roue des renaissances. Ce qui attache, c'est le désir ; tout désir dont le motif est la satisfaction du moi lie le moi à l'objet convoité, et tôt ou tard l'homme reçoit de la Nature le fruit recherché ; il y goûte, et il y trouve du nectar ou du fiel, selon que ce fruit provient de l'arbre du Bien ou de celui du Mal.

---

(1) Ces âmes peuvent être en incarnation ou non, à ce moment.

Si la Loi ne donnait à l'homme ce qu'il désire, comment pourrait-il apprécier la valeur des choses et connaître les lois qui gouvernent l'Univers ? Comment acquerrait-il la sagesse ?

Quand il a compris que la force du désir, — bon ou mauvais, — le lie et l'oblige à retourner dans le monde qui doit le satisfaire, il cesse de désirer, sans cesser d'agir. Il devient un ouvrier du Logos et ne se préoccupe plus du fruit de ses œuvres : il suffit à sa récompense de bien exécuter son travail, d'œuvrer pour son Maître avec la joie que donne l'amour. Travaillant pour la Loi, ses efforts stériles ou fructueux retournent à la Loi, à l'Océan des forces cosmiques: ses actes cessent de l'enchaîner, il est libéré.

La Libération.

Le Logos après avoir projeté les étincelles de sa flamme, ses Fils, tous faits à son image, incarne dans la matière qui va former l'Univers en évolution, ceux d'entre eux qui veulent connaître le monde et devenir des dieux omnipotents dans le monde manifesté.

La matière forme un nombre illimité de "systèmes de forces" divers, dont chacun peut se réduire à trois éléments constituants, à trois radicaux nommés : mouvement, inertie et rythme. Ces éléments vibratoires (ces matières), produits de la Voix divine, du Verbe, du Son créateur, s'impriment sur les étincelles (âmes) incarnées et éveillent en elles les qualités qu'ils représentent, — comme la voix humaine s'inscrit sur les rouleaux (1) vierges du phonographe. Telle est la raison de la force-matière.

La multiplicité de ses états et de ses combinaisons représente une immense science et d'innombrables qualités que Dieu communique ainsi aux étincelles incarnées. Cette idée, exprimée par une comparaison empruntée à la science, explique bien des faits mystérieux, apparemment incompréhensibles, et ouvre un large horizon psychologique. Si Dieu ne nous faisait pas entendre sa mélodie nous serions incapables de la connaître ; le Mental cosmique est la source de toute mentalité, comme la Sagesse, l'Amour et la Puissance de Dieu sont celle de toute sagesse, de tout amour et de toute puissance : rien n'appartient à l'homme, Dieu est la source de tout (2).

(1) Qui, dans la comparaison, représentent les âmes en évolution.
(2) De tout ce qui est bon, harmonique. Le mal

Aussi longtemps que l'âme sommeille inconsciente, le processus évolutif ne subit aucune secousse, mais, avec son éveil, l'intelligence humaine, — l'ignorance plutôt, — introduit des modifications dans les "systèmes de forces" — dans les gunas (1). Le trouble rejaillit sur elle et le Karma la fait souffrir jusqu'à ce qu'elle ait appris que le chemin tracé par le Logos est le seul vrai, le seul bon, qu'aucun autre ne peut conduire au But, et que pour atteindre ce but, elle doit s'unir consciemment à Dieu, dominer les énergies dangereuses de la matière rebelle, vaincre les impulsions, les passions, les désirs, les pensées, les aspirations qui ne sont pas en harmonie avec la Loi, effacer en somme le " moi " pour collaborer à l'œuvre divine et s'unir pleinement au Logos.

Cette victoire sur les forces de la matière, cet accord parfait entre les cordes de la lyre humaine et celle de la lyre divine réalise l'union

---

vient du trouble apporté à la Loi par l'ignorance humaine.

(2) Les *Gunas*, les qualités, sont, dans la philosophie hindoue, les représentants de ce que la science occidentale traduirait par: mouvement (*Rajas*), inertie (*Tamas*) et rythme (*Sattva*).

avec Dieu, constitue la libération, le Salut final, fruit de la divinisation.

Mais les harmonies de la Loi font qu'en réalité une âme ne peut se libérer normalement d'un monde que lorsque celui-ci est devenu inutile à son évolution. Aussi longtemps que la terre nous sera nécessaire, un corps physique nous sera fourni pour y retourner; quand les globes visibles et invisibles, qui font partie d'une "chaîne,, d'évolution, sont devenus sans profit pour une âme, elle les omet (1) (si elle n'est pas encore sur eux) ou les abandonne pour entrer dans des mondes nouveaux, ou pouvant satisfaire aux conditions de son progrès. Dans la série des corps dont le développement doit être parachevé pour permettre la libération normale de notre humanité se trouvent d'abord les corps physique, astral, mental et spirituel (2). Lorsque ces véhicules sont parachevés, l'homme peut ne plus retourner dans les mondes de la « chaîne » terrestre (3). Mais bien avant d'avoir mis le pied sur ces hauteurs, il peut échapper pour un temps à la roue des renaissances : il lui

---

(1) Elle n'y va pas (si elle n'y est pas déjà), ou les quitte.
(2) Voir pour leurs définitions le début de cette étude.
(3) L'humanité évolue sur une chaîne de 7 planètes dont la Terre est la quatrième. Voir les ouvrages qui traitent ce sujet spécialement.

suffit de supprimer tout désir et de laisser patiemment s'épuiser les effets karmiques antérieurs. Il se trouve à la mort, délivré du corps physique, puis du corps astral. Après le ciel, le corps mental se désagrège à son tour et, comme l'ancien karma de cet homme est épuisé, aucune force nouvelle ne le lie à la terre. Il reste alors dans le monde mental, dans un état de stagnation, car sa conscience dans ce monde est encore trop insuffisante pour qu'elle puisse y avoir l'éclat que les mondes astral et physique seuls pouvaient lui fournir. Mais quand les forces qui lui ont valu ce repos sont épuisées, la Loi le remet dans la route.

Des siècles ont passé, l'évolution a porté bien avant les âmes qui ont suivi la voie normale tandis que ce repos l'a laissé stationnaire. Il reprend le collier de labeur et retourne au champ douloureux, mais utile de la terre pour ne le quitter désormais que lorsque la Loi sera satisfaite et le But atteint avec la véritable Libération. Le nouveau Maître (1) demande alors au Logos sur quel champ il doit se rendre pour coopérer à l'évolution. La réponse

---

(1) Cet homme est alors devenu ce que la Théosophie nomme un Maître, — maître de toutes les forces en action dans notre "chaîne,, planétaire.

décide s'il revêtira un nouveau corps de chair pour revenir dans le monde des hommes, aider ses frères en travail, ou s'il servira dans l'un des nombreux champs de progrès qui existent au-delà du champ terrestre. Il est libre de choisir.

La Création de l'avenir

Dès que l'homme a compris l'énigme de la vie, l'évolution et la méthode du progrès, il peut volontairement créer lui-même les conditions de sa marche, la rendre plus aisée, plus rapide et plus utile. Il sait détruire les passions et les vices, édifier les vertus et développer la force persévérante. Il connaît le secret de la Sagesse.

Ce qu'il crée dure, la mort ne peut lui ravir ses acquisitions : elles sont éternelles. Il retrouve, à chaque retour à la terre, les qualités qu'il a développées par l'effort, ses forces grandissent sans cesse, les conditions de chacune de ses incarnations sont celles qu'il a choisies et que son Maître fournit par un sage ajustement. Il veut la victoire, il veut gagner le prix réservé à ceux qui luttent pour devenir des Aînés, aider leurs frères dépassés sur la route, être de parfaits instruments du Logos. Il attend patiemment que ses efforts aient organisé pleinement le corps spirituel et que la conscience y ait été éveillée par Celui qui s'est chargé de le conduire sur le Sentier. Le divin Enfant naît alors, grandit malgré les forces de mal, dirige le combat et ne saurait être vaincu.

*
* *

Résumons en quelques lignes ce qui vient d'être esquissé dans ce chapitre.

L'Ame, dans le monde de l'Absolu, possède la liberté complète. Quand elle plonge dans l'Univers limité, elle devient tributaire de l'instrument qu'elle y revêt et des lois de son monde. A un instrument parfait correspond une parfaite liberté. A un instrument en voie de construction, c'est-à-dire imparfait, correspondent une limitation et une fatalité plus ou moins grandes. La fatalité est la loi des commencements des êtres : ils obéissent alors passivement à la direction de la Loi. Le déterminisme guide les fluctuations de ceux qui sont sortis de la période d'enfance ; sollicités alors par des forces diverses, ils obéissent à la résultante de ces forces. La liberté est l'apanage de ceux qui sont arrivés au faîte de l'ascension, à l'union divine, au point où l'on n'agit qu'avec la Loi.

Le Karma n'est point la Fatalité ; il est l'ensemble des forces émises par le désir ou la volonté ; ce qu'elles ont créé la volonté peut le détruire. Certaines des forces créées deviennent parfois si intenses, si impérieuses que l'être peut accomplir certains actes malgré lui, par un automatisme rapide où la pensée et la volonté surprises n'ont pas le temps d'intervenir. D'autres dominent l'existence à laquelle elles président et pèsent de tout leur poids sur la vie chargée de les exprimer : l'homme, ici, ne peut échapper à leur empire que par la lutte persévérante.

Le Karma, enfin, peut être éteint par des forces opposées à celles qui le constituent, surtout par la pratique d'un altruisme permanent et toujours plus parfait.

Quand les pouvoirs de l'âme le permettent, la recherche et la destruction directe des causes engendrées met également un terme au Karma.

Enfin, l'homme peut se soustraire aux résultats de l'action en cessant de contracter de nouveaux engagements, c'est-à-dire en cessant de mêler à ses actes l'intérêt personnel, en agissant comme un canal de la Force divine, comme un ouvrier de Dieu dans l'évolution. Détaché du fruit de ses œuvres, il applique à sa vie la maxime : Fais ce que dois, arrive que pourra. C'est la libération des chaînes de l'action, prélude de la libération complète rendue rapide par l'organisation parfaite des véhicules de l'homme divin et par la Sagesse et la Puissance qui en résultent.

Mais, bien avant d'avoir acquis cette perfection finale, il peut diriger consciemment son évolution, déterminer son avenir en préparant ses causes dans le présent, et hâter merveilleusement ses pas sur les derniers tournants qui avoisinent le Sommet de l'évolution.

L'ignorance est mère de la fatalité et de la douleur; celle-ci crée la Sagesse et la Force qui donnent la Liberté.

CHAPITRE IV

LES RÉSULTATS DE L'ACTION

Le développement de la Trinité dans l'homme

La Connaissance.
L'Amour. — La Puissance.

L'Énergie divine, principe de tout mouvement, de toute action, produit le développement (1) du germe divin qui est en tout être, et au cours des modifications qu'elle opère dans les véhicules humains de conscience, donne à chacun d'eux (2) le fruit de ses actes. L'action est à la fois un principe de vie et une balance de justice; par le mouvement, elle vitalise; par la réaction, elle rend justice parfaite.

---

(1) Le passage des propriétés de ce germe de l'état statique à l'état dynamique, de l'état potentiel à l'état actuel.

(2) A chaque groupe de l'ensemble nommé l'homme, c'est-à-dire à l'homme physique, animal, mental, spirituel, etc...

Sans mouvement pas d'évolution, car l'évolution est l'ensemble des mouvements qui rendent manifestes les facultés latentes dans les âmes, — dans les germes divins. Ces mouvements, étroitement associés aux changements de structure des corps dans lesquels ils s'effectuent, sont calculés de façon à produire, malgré tout, la série des transformations nécessaires à l'éveil et à la manifestation des pouvoirs animiques. Ils forment une admirable hiérarchie vibratoire, cause de la hiérarchie des formes et de celle des pouvoirs de la conscience (1). A un type vibratoire particulier sont associés un agrégat matériel spécial et une impression animique correspondante que nous appelons sentiment, sensation, etc. Par exemple : au désir il faut un type de mouvement et de matière spéciaux, à la pensée d'autres types, et ainsi de suite pour les autres manifestations de l'âme.

De même que, dans la nature physique, l'atrophie, c'est-à-dire la mort, suit l'inactivité, de même dans la nature hyperphysique des mondes invisibles, l'absence de mouvement deviendrait l'arrêt de la vie. Partout, l'action, le

---

(1) La conscience, ou Vie, produit l'activité animique dans un véhicule.

mouvement sont les compagnons, les agents de la vie, et la série des mouvements que Dieu a voulus produit la création, l'évolution et la destruction des mondes.

La matière a été créée pour le service de l'âme, dit la Sagesse antique ; les corps sont construits pour transmettre à l'âme les impressions de l'Univers et pour porter à l'Univers les messages de l'âme ; ils éveillent la monade (1) et, en même temps, servent d'instruments à son activité.

*
* *

L'œuvre divin de l'Univers a pour but la manifestation dans les âmes des trois qualités basiques qui forment l'essence de tout être et dont toutes les facultés possibles ne sont que des combinaisons ou des aspects: les trois éléments de la Trinité. La conception de l'esprit veut que le point, — l'unité, — n'appartienne pas au monde des formes, mais à celui de l'abstraction. La dualité, comme la ligne, ne possède pas la limitation qui conditionne les choses de l'univers ; elle n'est qu'une demi-

---

(1) La monade c'est l'âme limitée par une enveloppe de matière subtile, la Vie, la base de toute conscience.

manifestation; un troisième terme est nécessaire à la forme : c'est pourquoi, dans notre monde, le triangle est la première et la plus simple de toutes les figures géométriques.

Autrement dit, pour devenir un être, il faut posséder une trinité: la force (1), la matière et la conscience. La force et la matière sont les deux pôles éternellement unis, latents dans l'omniprésent Infini et dans lesquels un fragment de Dieu,—l'âme,— se mire en y produisant la conscience. Sans un corps qui porte des impressions au fragment divin, celui-ci (2) reste dans l'état de suprême Conscience, — la Conscience non manifestée qui, pour nous, est inconcevable, c'est-à-dire n'est rien et n'existe pas, puisque nous ne pouvons en prendre connaissance. D'autre part, sans la Volonté,—énergie suprême,— les deux éléments primordiaux de la création, la force et la résistance qui créent la force-matière ne naîtraient point, car la force, pour se *manifester*, doit s'appuyer sur une résistance.

De sorte que le premier être concevable est une trinité, produit de l'inconcevable, mais

---

(1) L'énergie associée à la matière.
(2) L'âme.

omniprésente Source de tout mouvement limité : Dieu, l'Infini. L'Activité divine produisant l'univers s'appelle la Volonté. Elle est le fruit de l'Amour. Dieu crée par amour, pour faire partager sa Puissance et sa Sagesse à des milliards d'êtres qui, sans la création, seraient restés dans le néant. Le Sacrifice suprême se confond avec l'Amour suprême. La Volonté, force abstraite, non manifestée, du domaine de l'Absolu et contenant à l'état latent la force, la matière et la conscience, correspond au Point, à Dieu le Père, au premier Logos. Cette Volonté, cause, racine, source de toute manifestation, de toute chose dans l'Univers, n'est rien, pour nous, avant sa manifestation. Elle crée, — à mesure que l'acte créateur se réalise, — la première couple d'opposés, origine de toutes les autres ; elle manifeste *Purusha*, racine abstraite de toute force, — et *Mulaprakriti*, — racine abstraite de toute matière. Cette force-matière primordiale (*Purusha-Prakriti*) est comme le voile de l'Absolu, le corps dans lequel se mire la Volonté suprême. Elle reçoit l'empreinte des pouvoirs divins ; le sentiment de l'Être, de ce que notre intelligence limitée conçoit comme le Moi, devient en elle l'Intelligence universelle, — Brahmâ, Mahat, le Saint-Esprit ;

l'Amour qui précéda le *Fiat* créateur représente le Fils, —Vishnou, le Préservateur et Architecte ; l'Energie créatrice se révèle par le Père, — Shiva, la force qui crée et détruit pour régénérer, la Vie totale, la synthèse de toutes les forces de l'Univers.

Tels apparaissent à notre esprit borné les trois aspects de l'Être suprême : Dieu manifesté dans le Kosmos. C'est la Trinité Sainte dont l'infime intelligence de l'homme s'efforce de balbutier la conception. Son aspect le plus synthétique, le plus abstrait ne peut s'exprimer dans une matière moins éthérée que celle nommée Mulaprakriti (*Rurusha-Prakriti*), la force-matière abstraite pour ainsi dire : on le nomme le Logos non manifesté, le premier Logos, la Puissance, ce que l'on pourrait aussi appeler l'Energie pure, capable de produire toutes les forces par la polarisation que lui fait subir la matière. Le premier Logos produit le deuxième et le deuxième engendre le troisième.

Le deuxième représente l'aspect force, — l'amour ; le troisième l'aspect matière, — l'intelligence : l'amour unit, la matière sépare. Le deuxième Logos peut trouver un parfait instrument à la fois dans la racine de la matière, Mulaprakriti, (*Rurusha-Prakriti*) et dans le deuxième monde :

	Père	Fils	Saint-Esprit
1ᵉʳ Monde (abstrait)(1).	Volonté O	O	O
2ᵉ Monde.	Amour	O	O
3ᵉ Monde	Intelligence		O

c'est le Fils, l'Amour, le principe qui s'incarne pour *racheter* les âmes, — pour guider et accomplir l'évolution. Le troisième Logos représentant le deuxième terme de la première couple

d'opposés, — le côté matière, — s'exprime non seulement dans le premier et le deuxième mondes, mais aussi dans le troisième, où il se présente comme le principe séparateur, l'Intelligence cosmique, le Saint-Esprit.

Puissance (Volonté), Amour, Intelligence : tels sont les trois éléments fondamentaux que l'homme découvre latents ou manifestés, dans

(1) Celui de la première *manifestation*.

l'Etre suprême et dans tous les êtres possibles.

Ces trois éléments sont présents aussi dans chacun des termes de l'Etre : dans la Puissance divine qui est à la fois *intelligente* et *bonne*; dans l'Amour qui est *fort* et *intelligent* ; dans l'Intelligence qui est *bienfaisante* et *énergique*.

La force-matière elle-même *reflète* ces trois qualités universelles par des états vibratoires que l'Inde nomme les Gounas : Tamas, Rajas, Sattva. Tamas, la capacité de résistance qui, dans la matière, rend possibles tous les mouvements vibratoires, est l'aspect négatif de la Puissance ; Rajas est l'activité manifestée dans les formes, le produit de l'énergie séparatrice, de l'Intelligence qui, pour exister, se sépare de l'objet conçu. Sattva, force d'unification, est l'opposé de Rajas et le représentant de l'amour qui s'oppose à l'égoïsme et qui, partout, produit la paix, la joie, le bonheur, l'équilibre, car la joie naît de l'harmonie des forces : telle la joie de vivre donnée par la santé ou par l'harmonie morale, fruit d'une conscience en paix avec la Loi ; tel le bonheur suprême ressenti par ceux qui peuvent éprouver le sentiment de l'Unité des êtres.

Ces trois aspects de la Trinité se trouvent

également dans chaque principe humain : dans Atma, la *force* intelligente et bonne de l'homme divin ; dans Buddhi, la *bonté* forte et intelligente de l'homme spirituel ; dans Manas, l'*intelligence* bienfaisante et énergique de l'homme purifié : c'est la Trinité humaine.

Plus est dense la matière dans laquelle ces trois énergies se manifestent, plus les qualités qu'elles produisent sont grossières. Nous voyons ainsi l'Intelligence supérieure perdre dans le corps mental (*Manas inférieur*) ses qualités étendues de synthèse et d'abstraction et se réduire à la pensée concrète et analytique ; d'autre part, l'amour pur de Buddhi ne peut, dans la matière kamique, se révéler que par un sentiment rapetissé, égoïste, — l'amour grossier qui attire par le désir. Et cette glorieuse force que l'Energie pure, dans la matière atmique, manifestait comme la Volonté divine, comme l'énergie qui toujours rayonne et s'associe à l'Amour divin, devient, dans les bas-fonds de la matière, dans la personnalité, le Désir qui, au lieu de se donner en rayonnant, absorbe et vampirise ; plus bas encore elle se borne à produire, dans le corps visible, des mouvements divers, — mouvement mécanique, mouvement moléculaire ou atomique, — de la chaleur, de l'électricité, des effets physico-chimiques, etc.

L'évolution développe les véhicules qui, en transmettant à l'âme les forces de l'Univers la conduisent à la Connaissance, à la Sagesse, à la Puissance, à la Libération finale.

Examinons maintenant les grandes lignes de ce processus, dans leurs rapports avec la Trinité humaine.

La Connaissance.

La connaissance est la compréhension parfaite de la Loi. Les âmes naissent ignorantes. Germes enfouis dans le sol de l'Univers, soumis à l'action du mouvement évolutif, la Vibration du Verbe les frappe et fait naître, dans la conscience *infinie* qu'elles possèdent, la conscience *finie*, — le centre sur lequel leur vie manifestée va reposer tout entière. Cette conscience limitée passe progressivement de sa forme la plus vague à un aspect très précis : la conscience nette et forte de l'animalité, par exemple. Mais un élément indispensable doit se révéler au fond de cette conscience : le "moi,, abstrait, le centre que tout être doit se créer. Sans ce centre, sans ce " moi ,, l'être ne pourrait donner à ses perceptions le développement nécessaire à une vie individuelle complète ; l'action spontanée de la Monade répondant aux sollicitations extérieures, ne pourrait acquérir sa perfection. L'être parachevé possède l'intégralité de la conscience finie et de tous ses pouvoirs, — ceux de réception et ceux de transmission.

La conscience actuelle est donc précédée par la conscience vague des règnes inférieurs, puis par le " moi ,, *humain* qui la définit et la précise. Alors seulement l'âme commence réellement à apprendre, et sa connaissance grandit jusqu'à ce que l'Univers n'ait plus de secrets pour elle. Le but suprême du savoir, c'est la connaissance de la Loi qui donne la clé de l'Univers, du But et des moyens de l'atteindre. L'âme qui sait ne trouble plus la Loi; elle collabore à l'œuvre divine et guide les pèlerins qui tâtonnent et se meurtrissent dans la nuit de l'ignorance. La connaissance de la Loi vient de l'expérience, — de l'action ; l'âme doit goûter au fruit que la Loi donne pour en apprécier la saveur, elle a donc d'abord besoin de désirer ; le désir, germe de la volonté, conduit son enfance, l'épanouit et l'instruit. Son éveil progressif la met en contact avec mille objets, dont elle ignore la nature; ces objets la sollicitent, elle y répond, elle s'y attache et éprouve leur saveur. Les uns la poussent vers le but final, comme le ruisseau porte à la rivière la feuille tombée dans son lit, comme la rivière la charrie au fleuve, et le fleuve à l'océan, réservoir commun de toutes les eaux : tout ce qui conduit l'âme vers l'Océan divin, l'aide et lui donne un sentiment de félicité. Quand les objets l'arrêtent et font obstacle au courant, les eaux courroucées s'élèvent en tumulte, et frappent l'obstacle en frémissant. L'âme heurtée ressent le trouble de ses véhicules, le malaise l'envahit. L'expérience se répète des milliers de fois sans résultat, mais avec l'éveil de la conscience, du " moi ", de l'intelligence humaine, de la raison et du jugement supérieurs qui en résultent, la Connaissance naît ; l'âme reconnaît les plaisirs permis et ceux défendus, ceux qui aident et ceux qui gênent, ceux qui font cortège à la Loi et ceux qui lui font obstacle. Et lentement, elle apprend la Loi, toute la Loi.

Le Péché originel.

Mais Dieu n'aurait-il pu éviter aux âmes ce douloureux apprentissage ? N'aurait-il pu les créer omniscientes, parfaites ? Non.

Il est une chose que Dieu ne peut pas, c'est que le limité ne soit pas limité, c'est-à-dire imparfait. La Vie suprême, absolue, est à l'abri de toute erreur, de toute limitation, de toute souffrance, mais comment pourrait-elle créer des êtres capables de partager sa perfection si le sentiment qui seul crée un être, le " moi ,,, principe dû à la limitation, n'était pas en ces êtres ?

Sans le " moi ,,, comment un individu saurait-il qu'il existe, comment pourrait-il agir, penser, sentir, souffrir ou être heureux ? Comment pourrait-il vivre et savoir qu'il est immortel en ignorant son existence ? Or, le sentiment du " moi ,, est essentiellement fini. Savoir qu'on est, c'est savoir qu'à côté de soi, il y a le non-moi, un monde limité, hétérogène, formé de multiples, où existent le sujet et l'objet, — un monde imparfait. D'autre part, le " moi ,, ne naît que lentement, sous le martelage incessant des forces de l'Univers ; il ne se précise qu'après les siècles, il n'est parachevé que lorsqu'il forme un *centre* vigoureux. L'évolution peut alors retourner sur ses pas et par une route opposée, conduire le " moi ,, vers l'Absolu, — de l'infiniment petit dans l'infiniment grand. Dans la première partie de l'évolution, l'Unité s'éparpille en un nombre infini de forces et de centres ; dans la deuxième partie, forces et centres retournent au foyer primitif. Le " moi ,,, devenu capable de réduire à l'infini sa vibration, et de créer ainsi son parachèvement, reprend ensuite son lent épanouissement et arrive à étendre sa vibration, sa vie, jusqu'à l'infiniment grand. Il connaît alors la plénitude de l'Etre : l'Infini en grandeur et l'Infini en petitesse, les deux pôles de la Chose unique, de l'Etre absolu, qui embrasse et crée toutes choses.

Au cours de ce processus nous constatons une longue période d'ignorance et d'inconscience : l'embryonnat des âmes, période obligatoire dans l'évolution. Portion de la route, elle constitue une limitation due à la fatalité des choses, une imperfection passagère que le symbolisme chrétien a nommée le *Péché originel*, car il n'est pas de faute qui n'ait sa raison dans l'ignorance, l'ignorance qui enveloppe les origines de l'être.

La Bible dit qu'Adam avant la faute vivait heureux dans l'Eden : l'âme avant l'éveil de l'intelligence, avant l'action, est heureuse, bercée et portée par la Loi. Le serpent (l'élément intellectuel) survient et s'adressant à Eve (le côté féminin de la nature humaine, le désir), l'engage à cueillir le fruit défendu de l'arbre, et Adam mord à la pomme. Le désir fait agir ; l'action apporte le fruit désiré, avec sa saveur particulière. Quand l'homme a recueilli le résultat de ses actes, il apprend s'il a heurté la Loi ou s'il en a suivi le courant. L'arbre de la Connaissance du Bien et du Mal, c'est la Loi karmique, le Kamaduck du *Bhagavad Gîtâ*, la Divinité qui, pour nous instruire, nous donne ce que nous désirons : le bien ou le mal.

Le Mal.

Qu'est le mal ?

L'un des " opposés ,, qui forment le monde.

En soi, le mal n'existe pas : dans l'Etre absolu il n'y a ni bien ni mal. Pour que le mal existe il faut des êtres finis et une Loi pour les diriger. Strictement parlant, le mal est ce qui va contre la loi évolutive, le bien ce qui agit avec elle. Le mal trouble l'équilibre du monde : c'est pour cela qu'il est mal. Il est essentiellement relatif, limité, et tient à des conditions finies, changeantes. La Loi d'évolution des règnes inférieurs tend à développer d'abord dans les êtres, la sensation, puis, chez l'animal supérieur, la mentalité ; dans l'homme elle fait naître la spiritualité. Excelsior ! telle est sa devise. Enfreindre les conditions que la Loi a imposées au développement d'un être, c'est se heurter à elle, se condamner à l'impuissance, c'est faire mal. Il est impossible que la sensation se développe dans l'animal avant que ses rudiments n'aient été créés dans le végétal et le minéral ; impossible de créer la mentalité avant la sensation, la spiritualité avant la mentalité. Vouloir placer directement et tout d'abord dans le courant du grand Fleuve l'être que la Loi fait grandir dans le calme relatif d'un petit affluent, c'est condamner cet être au naufrage. Pour que l'évolution se fasse normalement, il faut une route propice et du temps ; croire que l'on peut supprimer l'une ou l'autre, c'est errer : on peut les modifier, mais dans des limites extrêmement restreintes.

∴

Il existe une forme générale du mal, à laquelle tous les êtres sont également soumis : le mal qui tient à la limitation universelle et aux restrictions qu'elle impose. L'ignorance originelle des âmes, la nécessité des véhicules de force-matière, la lente organisation de ces véhicules, la durée très longue du pèlerinage de l'âme : telles sont les conditions du mal général, de la fatalité de la souffrance. Mais ces conditions sont celles de la vie. En effet, s'il n'existait ni corps astral, ni nerfs sensitifs physiques, il n'y aurait ni douleur physique, ni émotions ni désirs ; mais sans la sensation le corps ne pourrait vivre ni se conserver, et sans le désir et l'émotion, la mentalité, la volonté et la spiritualité ne pourraient naître.

D'autre part, ce que l'humanité considère comme un des maux les plus grands, la mort, est peut-être la plus heureuse des nécessités, et nous avons vu déjà que l'âme, étincelle détachée du grand Brasier, ne peut être qu'ignorante quand elle est projetée dans l'Univers fini, où ses facultés latentes ne s'éveillent que sous l'incessant martelage de la force-matière (1). Dans l'ignorance complète où elle se trouve, tout d'abord, au sujet de la loi, ses premiers actes sont, forcément, tantôt en harmonie, tantôt en discorde avec le cours des choses, d'où il en résulte pour elle, selon les cas, de l'aide ou de la souffrance. Telles sont les grandes causes de cette forme du mal ; mais, comme elle n'intéresse pas directement notre étude, nous ne nous étendrons pas davantage à son sujet.

.

Le mal que nous avons surtout à considérer ici est celui de l'humanité, et nous nous trouvons aussitôt en face de trois catégories qu'un Instructeur a nommées : le mal qui aide, le mal qui retarde et le mal qui détruit.

Le *mal qui aide* est celui dans lequel l'élément mental n'intervient pas, le mal dû à l'ignorance. Les rudiments de la sensation, cause initiale de tout développement, sont éveillés par les choses extérieures ; peu importe la nature de ces dernières ; qu'il s'agisse des explosions formidables des volcans ou de

(1) La force-matière est *essentiellement* de la vibration, c'est-à-dire de la volonté divine : là est le point de contact entre l'infini et le fini.

la caresse parfumée de la brise, le but seul importe : tout ce qui développe la sensation, c'est-à-dire le véhicule astral futur, est bien et aide, à ce stade. L'homme primitif erre constamment, ses actes sont souvent opposés à la loi, mais il pêche par ignorance ; le désir, les besoins, la sensation fournissent des matériaux à sa pensée et à ses efforts ; ils opèrent en lui le développement initial de la volonté et de la mentalité, en même temps qu'ils l'instruisent par le choc de leur réaction. Quand l'homme primitif heurte la loi, la douleur vient murmurer à son oreille qu'il recueille la sanction dont les préceptes moraux des Instructeurs religieux l'ont déjà prévenu. Il apprend qu'en violant la loi on est puni.

C'est ainsi que le mal aide, fait grandir, conduit et instruit, par ses leçons, les humanités enfants.

.

Il faut que l'homme ait évolué longtemps pour connaître le *mal qui retarde*. Il faut qu'il ait développé tout ce que le mal qui aide peut créer de bon et d'utile en lui ; il faut que toute l'organisation que l'action et la pensée, même mal orientées, peuvent donner aux véhicules physique, astral et mental ait été effectuée. Sans le désir, l'ambition, et bien d'autres éléments de mal, l'âme jeune ne développerait son intelligence et sa volonté qu'avec une lenteur extrême ; il faut des mobiles égoïstes et passionnels pour solliciter son effort. Mais le moment arrive où les corps inférieurs ont acquis un développement tel que leur domination, si elle se prolonge, porte atteinte à l'organisation des véhicules supérieurs. A ce stade évolutif, les passions doivent être dominées par le mental ; si par faiblesse ou par attrait, le mental, malgré sa connaissance du devoir, cède et se fait le serviteur de la nature sensuelle, la croissance de l'âme subit un retard. Heureusement la douleur veille et fouette les paresseux : Marche, dit-elle sans cesse au Juif errant, à l'âme humaine en pèlerinage. Mais si l'homme continue à céder à la pression de la nature inférieure, il prend peu à peu l'arrière-garde de l'évolution, puis il passe parmi les traînards, enfin l'évolution les dépasse et il est trop tard pour qu'un effort puisse le ramener en avant. Ses qualités supérieures ne se développeront point, car les corps qui lui sont fournis sont d'un type inférieur ; il s'incarne de plus en plus parmi les corps les moins développés de l'humanité dont il fait partie, et comme celle-ci perfectionne toujours de plus en plus ses instruments, le jour vient où même les plus imparfaits de ces derniers sont encore trop complexes pour le Karma des retardataires, et quand l'évolution prend enfin son essor final, comme le coursier que la vue du poteau pousse avec impétuosité vers la victoire, les traînards, définitivement abandonnés, sont mis de côté pour le moment où une humanité en formation arrivera dans le futur jusqu'à leur niveau. Alors des corps en rapport avec leurs facultés leur sont fournis et ils peuvent reprendre leur marche. Cette séparation des traînards du reste de l'humanité est connue en théosophie sous le nom de " moment du choix ,,, le choix entre ceux qui sont jugés capables de suivre les classes supérieures de l'humanité et ceux qui ont trop peu d'acquis pour réussir dans l'effort final. Dans l'enseignement chrétien, on la symbolise par le Jugement dernier qui sépare les bons des méchants, conduisant les uns à la droite du Père, dans un ciel mérité, et les autres dans un repos prolongé, peu fructueux, dont l'ignorance a fait un enfer éternel.

.*.

Il y a enfin *le mal qui détruit*, qui détruit les véhicules, mais non l'étincelle divine essentiellement indestructible. Nous entrons ici dans le royaume de ce qu'on a nommé le "mal spirituel„. Ce terme paraît mal choisi et il convient de le définir. Le mal ordinaire a pour objet la satisfaction de la nature passionnelle et pour guide la mentalité inférieure : ses instruments sont *Kama* servi par le *Manas inférieur*, dit la théosophie. Le mal spirituel a pour agent la nature mentale faisant servir à ses désirs la force de la nature spirituelle.

Le mal ordinaire intensifie médiocrement le centre mental, la qualité des forces personnelles qui le tentent ne le permet que dans des cas extrêmes ; mais lorsque la mentalité, c'est-à-dire le " moi „, s'approprie la force spirituelle, l'énergie des vertus, quand un homme est fier de ses qualités supérieures, quand il les aime *pour les avantages qu'elles lui apportent*, quand il désire grandir *sans considération pour l'utilité que sa croissance aura pour l'humanité*, cet homme développe fortement l'élément égoïste, le " moi „, et si cette énergie centripète n'est point équilibrée par les tendances altruistes, autrement dit si un centre individuel ne se développe point parallèlement dans le véhicule d'unité, le corps bouddhique(1), la force de l'être mental, devenant dominante, l'être spirituel tend à être étouffé et le danger commence.

La construction d'un centre mental vigoureux est nécessaire à l'évolution, mais le moment vient où il doit céder la place au centre bouddhique comme le centre astral la céda au Manas. Il s'établit alors une lutte pénible, douloureuse, prolongée entre l'être mental et l'être spirituel, entre l'intelligence qui a pour nature la force d'égoïsme et la spiritualité dont l'essence est le don joyeux de soi. La lutte est souvent terrible, quand le mental a été vivifié par l'Énergie spirituelle ; il doit céder pourtant, pour que le " moi ,, centré dans le corps spirituel, devienne le maître de tous les véhicules humains, et gagne la Vie éternelle qui appartient à l'Unité.

Tout homme à dominante mentale est

---

(1) Il est presque contradictoire de dire qu'un centre individuel puisse se développer dans le véhicule bouddhique, pourtant cette façon de s'exprimer facilite la conception de l'idée que nous voulons faire naître.

exposé à ces terribles combats de la fin, luttes insoupçonnées qui sont l'agonie du Gethsémani ; aussi dit-on que le sentier de la Connaissance est le plus rude et le plus dangereux, et celui de l'Amour le plus facile, le plus désirable (1).

L'homme mental doit donner sa vie éphémère et gagner la vie éternelle en transférant son centre de conscience dans le corps bouddhique. S'il refuse de s'immoler, s'il veut la vie de l'égoïsme, ses jours pourront se prolonger, mais ils sont comptés. Il ne peut vivre que par le pire des vampirismes, par l'absorption consciente, volontaire des seules forces qui puissent l'alimenter, — les forces du mal, c'est-à-dire vivre par la destruction de toute pitié.

Il a fait le choix *volontaire,* il ne peut vivre désormais qu'en luttant contre la Loi dont tous les efforts poussent vers l'Unité, vers l'épanouissement ; et il se défend avec toute l'énergie dont il dispose. Il sait qu'il n'a qu'un moyen de prolonger sa misérable existence : c'est la création d'une couche épaisse de matière mentale, — et il y travaille sans cesse. Tout ce qui pourrait lui apporter un tressaillement

---

(1) Voir *Les Trois Sentiers*, d'Annie BESANT.

de sympathie ou d'affection est soigneusement exclu ; il s'étudie à devenir froid, glacial, il n'accueille que de la matière mentale libre de tout élément affectif, une matière essentiellement séparatrice. Peu à peu, au cours des siècles, il tisse ainsi une coquille isolatrice, et lentement la Lumière d'amour qui réchauffe le monde cesse de pénétrer dans ce " moi ,, qui a choisi le " Sentier de gauche ,, et l'isolement se poursuit jusqu'au jour où cet homme n'est plus un homme, mais un monstre glacé d'intelligence, une force qui détruit tout ce qu'elle touche.

Il sait que l'Évolution lui arrachera un jour toutes ses enveloppes protectrices, aussi lutte-t-il consciemment contre elle ; il s'associe étroitement à la force destructrice, celle qui s'oppose à l'unification finale des hommes avec Dieu. Il s'acharne à cette œuvre par tous les moyens, en jetant autour de lui des forces de mal, en empoisonnant l'atmosphère morale des hommes, en s'efforçant de conduire à leur chute les étudiants qui s'élèvent sur le Sentier pour devenir des Aides de l'humanité. Il sait que chaque âme qui gagne le " prix ,, (1)

---

(1) La Libération.

jette la force et les vertus acquises dans l'atmosphère de l'humanité et que celle-ci aura moins de peine à faire l'ascension spirituelle; aussi, tous ses efforts sont-ils dirigés contre ceux qui aident le monde.

Mais le " Mur gardien ,, est là, qui veille aussi ; à côté des incarnations de la force destructive se trouvent les incarnations de l'Amour ; le *Grand Sacrifice* est là pour empêcher que l'erreur puisse arrêter la marche du monde et pour que l'humanité ne souffre du mal que dans la mesure où elle a participé à sa production, — la Justice reste sans cesse parfaite.

L'heure sonne où ces citadelles dont les murs épais sont constitués de force séparatrice se dissocient lentement, pendant que le prisonnier souffre la plus terrible des tortures, l'*isolement*, qu'il a créé, et qui lui donne la plus douloureuse des leçons. Jamais plus, dans l'avenir, il ne se révoltera tout à fait contre la Loi, le terrible souvenir l'en empêchera (1), et malgré ses anciennes tendances, malgré les

---

(1) La " voix de la conscience ,, dans ces cas s'oppose à certaines fautes avec une force incroyable. La personnalité ignore ce qui se passe derrière la toile ; mais l'effort interne est intense.

souffrances, il reviendra lentement au Sentier.

La Voix de la Conscience et de l'Intuition.

L'âme est le véritable vivificateur des corps qui reflètent les " mois ,, divers ; ces corps vivent parce qu'elle projette sa force en eux, mais chacun d'eux est essentiellement égoïste, strictement conservateur de son existence empruntée, et si la Providence d'abord et, plus tard, l'âme éveillée n'exerçaient sur eux un contrôle qui les dirige et les fait servir malgré eux aux vues divines, l'évolution ne s'effectuerait pas ; l'âme ballottée dans les tempêtes constantes soulevées par la matière rebelle, ne saurait atteindre le port. Chaque véhicule, par ses énergies, provoque en elle un certain degré d'éveil à la vie manifestée et lui fournit l'occasion de nombreuses leçons. Avec l'éveil des qualités mentales, en d'autres termes, par l'usage du corps causal, l'âme acquiert l'intelligence supérieure et la Volonté ; elle juge les actes de ses instruments et chaque fois que l'expérience lui montre qu'ils ont fait erreur, elle note la faute et s'efforce d'en empêcher de nouveau la commission.

Chez l'homme actuel, les canaux de transmission de la Volonté à ses véhicules, ou mieux, au véhicule mental que l'homme considère à tort comme son vrai " moi ", sont encore très imparfaits ; l'intelligence ne reçoit qu'une impulsion faible et jamais détaillée. Oui, non, agis, abstiens-toi, semble-t-elle dire ! Elle ne peut transmettre la raison de ses commandements. Cette impulsion interne a sa source dans l'Homme vrai, dans l'âme, dans l'étincelle divine vivifiant la triade *Atma-Buddhi-Manas* (1) : on la nomme la Voix de la conscience. Infaillible quand elle se manifeste, elle se tait bien des fois. Chez les races inférieures, elle est si peu développée que ces races ignorent encore la valeur morale de certains actes que les nations civilisées considèrent comme des crimes ; dans notre humanité, elle se fait entendre nettement chaque fois que les règles ordinaires de morale sont en jeu, mais dans les cas subtils ou compliqués, elle reste souvent muette et ne fournit de réponse que chez l'élite des hommes. Parfois pourtant la transmission en est si complète, qu'elle prend la forme d'une pensée forte et précise, d'une

(1) Les corps atmique-bouddhique et la partie supérieure de Manas.

voix véritable, donnant l'illusion d'un Conseiller supérieur s'adressant à la personnalité humaine. Ces cas rares, tiennent à une capacité vibratoire considérable de certains systèmes nerveux, faculté due à des efforts spéciaux dans la vie passée ou la vie actuelle. Quand, avec la perfection des voies de transmission au cerveau, l'âme jouit d'un éveil considérable dans les corps supérieurs, d'une longue expérience et d'une connaissance élevée, le centre du jugement et de la volonté est transféré très profondément, et le mental, simple serviteur d'une conscience supérieure à la sienne, cesse d'agir directement ; il prend les avis de son maître, l'âme (1) devenue puissante, et transmet les réponses qu'elle donne à la conscience physique (2). Dans ces cas, la personnalité (3) devient comme omnisciente, donne réponse à des questions qu'elle ignore et tranche sans hésitation les difficultés les plus grandes, — elle est l'écho

---

(1) L'âme ne peut agir personnellement que par l'aide d'un véhicule ; plus ce véhicule est subtil, plus la conscience et les facultés qu'il manifeste sont divines.
(2) Toutes les consciences doivent, un jour, s'imprimer librement sur le cerveau et devenir ainsi manifestées dans l'état de veille.
(3) La conscience physique due au Manas inférieur.

de l'âme qui possède la Connaissance : telle est l'*Intuition*.

Il ne faudrait pas confondre l'intuition avec l'impulsion ou l'instinct, ni même avec certaines formes de la " Voix de la conscience „. L'intuition vraie vient de l'âme bien éveillée dans un véhicule élevé (1), et capable d'utiliser ce véhicule pour acquérir les connaissances qui dépassent la portée du véhicule mental. L'intuition est tout aussi infaillible que la Voix de la conscience ; mais comme elle se communique par un véhicule plus élevé (2) que celle-ci, la netteté de sa transmission demande une subtilité beaucoup plus grande du cerveau, — ce qui ne s'obtient que par un entraînement beaucoup plus difficultueux.

L'Amour.

Examinons maintenant le développement de la qualité qui, dans l'homme, représente la deuxième Personne divine, — l'Amour. Nous avons vu la sensation éveiller l'attachement ou

(1) Pour nous, ce corps est le corps bouddhique.
(2) Le véhicule atma-bouddhique, tandis que la " Voix de la Conscience „ vient du Manas supérieur plus ou moins éclairé par Bouddhi.

la répulsion, — la force centripète ou centrifuge, ce qui, chez les êtres intellectualisés, devient l'amour et la haine : toutes les sensations agréables, quelque matérielles qu'elles soient, augmentent ce germe d'amour, et à mesure qu'elles subissent, chez l'homme, l'action de la mentalité et des forces spirituelles, elles le purifient. L'amour le plus grossier, qui désire la chose aimée pour en tirer satisfaction, l'amour que nous appellerons négatif, devient peu à peu moins égoïste et finit par franchir la zone neutre qui le sépare de son pôle positif, l'amour qui rayonne au lieu d'absorber, qui donne au lieu de prendre.

Cette purification se fait sous la poussée de plusieurs forces, car la nature a multiplié les facteurs de l'évolution et a disposé sur le chemin des êtres, des ressources sans nombre. Ainsi, la constatation des effets douloureux qui suivent généralement l'amour égoïste, est déjà suffisante pour stimuler l'activité de l'âme ; mais une autre force intervient encore : Kama reflète Bouddhi, avons-nous vu ; autrement dit, il existe entre ces deux principes un synchronisme vibratoire qui les lie, et les vibrations kamiques produisent les premiers vagissements de vie dans les éléments du futur corps bouddhique, — de la même façon que, dans un piano, le son d'une note fait vibrer les cordes de toutes les notes semblables des différentes octaves, car le corps kamique peut, jusqu'à un certain point, être considéré comme l'octave inférieure du corps bouddhique. A mesure que les éléments du corps spirituel s'organisent, une certaine somme de force commence à rayonner, et quand cette force a atteint une intensité suffisante, l'âme, devenue mieux consciente dans ce corps glorieux, l'utilise pour le processus de transmutation qui change le grossier en subtil. Nous avons indiqué la loi de cette transmutation dans le chapitre I (1).

De sorte que, tôt ou tard, l'animal s'humanise et l'homme le plus bestial finit par développer la pureté de l'ange.

La Puissance.

Voyons enfin comment grandit dans les êtres le premier aspect de la Trinité : la *Volonté*, énergie suprême qui donne l'activité (la vie) à tous les corps, puissance

(1) Page 57.

capable de toutes choses quand elle est guidée par la Sagesse.

La Volonté se présente d'abord (dans le corps physique) sous son aspect le plus rudimentaire, — comme simple mouvement mécanique ; plus tard elle devient le levier caché de l'attraction et de la répulsion qui dirigent les affinités chimiques ou vitales, — un élément nouveau est né dans le mouvement simple ; un peu plus tard, elle devient le désir, force centripète, fondement de l'égoïsme, source de presque toutes les activités de l'homme actuel, — de l'héroïsme, de l'opiniâtre labeur, de la persévérance et de l'espoir sans lesquels aucune œuvre de longue haleine ne s'édifie. L'homme vit grâce au désir et grandit grâce à lui, jusqu'au jour où l'âme, plus forte et plus sage, ayant appris que seul le désir de collaborer à l'œuvre de Dieu ne laisse pas d'amertume, ne désire plus que ce qui est légitime. Mais désirer recueillir du bien, c'est se lier au bien et au monde qui doit le donner, jusqu'à ce que ce bien ait été récolté. L'âme apprend ainsi que le Bien suprême réside dans la maîtrise des forces de l'Univers, dans la Libération. On ne l'acquiert qu'en renonçant au désir. L'âme poursuit alors sa délivrance en agissant uniquement pour l'œuvre de Dieu ; alors au désir fait place son pôle opposé, la Volonté, énergie de l'homme divin.

Telle est l'esquisse de ce long et complexe processus de développement des trois qualités fondamentales de tout être. C'est l'action qui accomplit cette œuvre. On pourrait dire que la solidarité des véhicules est si parfaite, que les germes de leurs qualités s'éveillent par la transmission à tous de l'ébranlement que l'action imprime à un seul d'entre eux.

L'homme ne peut résister à la Loi qui de toutes parts le presse, l'aiguillonne, le ramène sans cesse au chemin, quand par ignorance il le quitte. Les moyens dont le Karma dispose pour conduire les êtres au But sont si nombreux, si variés qu'ils représentent à eux seuls l'une des merveilles de la Sagesse et de la Puissance divines ; Dieu nous traîne à lui malgré notre ignorance, malgré notre faiblesse, et, répétons-le, douter du salut d'un seul être serait ignorer le premier mot du plan de l'Évolution.

Tels sont les résultats de l'Action. Examinons maintenant, dans un dernier chapitre, le groupe si important des effets réactifs qui sont le principal *mécanisme de la Justice immanente*.

CHAPITRE V

LES RÉSULTATS DE L'ACTION
(Suite et fin.)

Le mécanisme de la Justice immanente.

Dans le chapitre précédent, nous avons présenté quelques considérations sur l'utilité de l'action et sur son but : le développement de la Connaissance, de l'Amour et de la Volonté ou Puissance. Nous essayerons maintenant de montrer le mécanisme qui lie l'action à son agent, la méthode par laquelle s'exerce la Justice divine.

Karma, force impersonnelle, c'est la Loi, le chemin de l'évolution dans les steppes de la vie, la barrière placée par Dieu devant l'ignorance ou la folie humaines, la force qui empêche tout arrêt, prévient toute stagnation, le fouet qui pousse sans relâche les êtres vers le But glorieux. Son action est presque toujours automatique, mais, çà et là, dans le monde des hommes, de grands Êtres interviennent en son nom pour opérer des adaptations individuelles destinées à accélérer la marche des individus en complétant et précisant les leçons qu'il doit donner; partout ailleurs il œuvre avec la majesté de l'Impersonnel.

En nous reportant au chapitre I, nous trouverons dans le principe de la réaction, le mécanisme de la Justice karmique : le voici en peu de mots.

1° Nous avons vu que, la réaction étant égale et contraire à l'action et s'exerçant sur l'agent, celui-ci recueille *exactement* ce qu'il a semé : il ne peut récolter ni plus ni moins. Quand la réaction ne peut être immédiate, les états latents utilisent les forces émises, et la mystérieuse et inévitable attraction du centre générateur pour les énergies qu'il a produites ramène tôt ou tard ces dernières à leur foyer d'émission.

2° Le degré de pureté des véhicules humains, déterminant rigoureusement leur réponse ou leur indifférence aux vibrations si nombreuses qui s'agitent dans l'atmosphère morale de la collectivité, préserve l'individu ou le soumet à des forces de bien ou de mal auxquelles il ne peut échapper.

3° La nature de l'activité des véhicules imprime, dans le germe impérissable de chacun d'eux, des facultés qui, à la destruction des corps (1), passent à l'état latent et, après le cycle mineur de vie (2), sont réveillées et incorporées dans les corps nouveaux, de sorte que la justice la plus stricte dirige cette reconstitution et que nul homme ne peut naître avec des vertus ou des vices qu'il n'a pas créés. Le génie a développé ses facultés par l'effort, il y a droit, elles sont sa conquête ; de même le passionné ne doit accuser nul autre que lui-même d'être l'auteur des impulsions perverses qui le tyrannisent.

La Responsabilité.

Tous les éléments d'une stricte rétribution se trouvent dans ces trois groupes de résultats ; leur créateur est l'objet direct de leur influence

---

(1) Les véhicules.
(2) A la réincarnation suivante. Le cycle mineur humain se compose de la vie dans le corps physique (*vie terrestre*), celle dans le corps astral (*purgatoire*) et enfin de celle dans le corps mental (*ciel*).

heureuse ou néfaste, et leur réaction sur lui montre la nature exacte de sa responsabilité.

Être responsable d'un acte, c'est être soumis indissolublement aux effets de cet acte : la responsabilité est l'intégralité de la réaction d'un acte, d'un désir, d'un sentiment ou d'une pensée. Quand l'automatisme du corps physique a été seul en jeu, sans l'intervention du désir, de la passion ou de la pensée, la réaction, revenant exclusivement au corps grossier, peut être considérée comme négligeable; si le corps a été mu par le désir seul, alors la réaction, très appréciable, s'attache au corps des désirs, le corps astral ; quand l'intelligence a participé à l'action, la réaction s'étend jusqu'au corps mental (1), et comme la mentalité décuple les forces auxquelles elle se prête, l'énergie de la réaction sera, alors, considérable : ainsi, un meurtre accompli sous l'empire de la passion amène une responsabilité bien moins grande que celle de celui que l'égoïsme ou d'autres éléments mentaux ont déterminé ; quand la

---

(1) L'homme agit généralement, à la fois, par la pensée et par le désir ; par conséquent, cette dissociation des éléments causaux de nos actes n'existe guère dans la vie, mais nous l'étudions ici pour mieux montrer les éléments divers qui entrent dans la réaction.

volonté, force suprême de l'individu, a été consciemment et violemment prostituée à des œuvres de mal, le châtiment frappe la personnalité avec une pénétration qui n'a d'égale que la subtilité de la force mise en mouvement.

La Responsabilité, c'est donc la Justice en action.

Quelques exemples du mécanisme de la Justice divine.

Nous allons essayer de donner quelques exemples de ce mécanisme dans un exposé à grands traits de la vaste réaction qui enveloppe l'homme dans son filet ; l'analyse en sera certainement très imparfaite, car elle dépasse de beaucoup nos connaissances, mais elle donnera tout au moins une idée de ses orientations diverses, et les étudiants qui ont l'habitude de penser par eux-mêmes compléteront et modifieront, s'il le faut, les données générales que nous allons formuler. Prenons comme exemples de notre analyse quelques-uns des vices passionnels et mentaux les plus communs.

L'Ivrognerie.

La passion de l'alcool (comme celle de l'opium, du haschich, de l'éther ou de tout autre excitant) réagit sur plusieurs des véhicules humains.

L'ivrognerie ébranle, fatigue, densifie et fait enfin dégénérer la cellule nerveuse : de là des maladies variées, mères de la souffrance et de l'incapacité qui atteignent le corps visible : c'est la réaction *physique* de cette faute.

Le corps astral du buveur attire des éléments moléculaires grossiers, grâce auxquels le " centre ,, du désir de boire s'hypertrophie ; la force passionnelle s'accroît et arrive à subjuguer l'intelligence et la volonté de l'ivrogne. Obsédé par le désir, sa moralité disparaît, il sacrifie peu à peu toutes choses à son grossier besoin : l'argent d'abord, ses besoins corporels ensuite, enfin les nécessités les plus urgentes de sa famille. Il cause la plus affreuse misère, et cette extension de la réaction de ses fautes au cercle familial crée des liens individuels qui exigeront plus d'une fois, dans des vies futures, son retour parmi ceux qu'il a tourmentés, jusqu'à ce que, par la souffrance ou par le dévouement, il ait racheté le mal causé.

Son corps mental n'entrera en activité que pour la satisfaction de sa passion, et ne fournira, par conséquent, qu'une forme grossière d'intellectualité ; tout ce qui dépasse ce niveau restera stagnant, ou s'atrophiera : le malheureux sera fermé à toute intelligence élevée et deviendra progressivement une espèce d'animal à forme humaine.

Après la mort, cet homme, ne possédant plus de corps physique pour satisfaire ce terrible désir, hantera les lieux fréquentés par les ivrognes sur la terre, il approchera ses lèvres fluidiques du breuvage de perdition et ses efforts seront vains, il ne le touchera point, bien qu'à son contact ; il éprouvera ce que le Paganisme symbolisait par le Supplice de Tantale. Aiguillonné par un affreux besoin, il essayera même de pénétrer le corps physique de ces victimes de l'estaminet ; il y réussira dans certains cas et, sous l'influence de cette possession momentanée, des orgies inouïes auront lieu qui créeront pour lui une terrible responsabilité dans l'au-delà et augmenteront son lourd Karma.

Et quel Ciel peut-il exister pour un être aussi

dégradé ? Celui que les aspirations élevées et les éléments d'affection créés avant la chute morale ont pu préparer ; mais c'est toujours un ciel court, peu utile, où le bonheur n'est qu'un éclair, la joie fugitive : tel est le sort réservé au corps mental de l'ivrogne (1).

L'Ego prisonnier d'une personnalité aussi dévoyée souffre d'un cruel emprisonnement et pendant la vie terrestre et durant la vie purgatoriale. Incapable de diriger ses corps, à la merci de passions affolées, il est véritablement crucifié dans sa prison de chair, avec la vision d'un avenir plein de douleur et de difficultés, d'une évolution retardée et d'efforts peu fructueux. Ce souvenir de l'âme s'imprime dans le cœur de l'homme, dans la " Voix de la conscience ,, qui s'efforcera, durant la vie nouvelle, de diriger l'individu dans une voie meilleure en lui donnant le pressentiment vague des souffrances qui l'attendent s'il cède de nouveau à la séduction des centres passionnels. La nouvelle incarnation est donc remplie d'obstacles ; l'homme souffre de ceux dont il a été le bourreau et que souvent la Justice divine

---

(1) Le Ciel est vécu par l'Ego revêtu du corps mental, après le rejet du corps kamique.

place de nouveau à ses côtés pour qu'il expie ou qu'il répare, et ce n'est que peu à peu, par un effort soutenu, que l'âme peut regagner le terrain perdu.

Le Meurtre.

Considérons maintenant le meurtrier.

La réaction physique est, dans ce cas, presque toujours indirecte : elle est due à la vengeance individuelle ou à la sanction légale. La vendetta, le lynchage, l'échafaud ou le bagne seront les instruments du Karma immédiat.

Le corps astral de la vie future poussera l'individu à toutes les explosions de la colère, à toutes les noirceurs de la haine, et le soumettra aux crimes et aux souffrances qui tourmentent toute vie où ces forces dominent.

Le corps mental développé au milieu de l'ouragan du crime montrera les plus redoutables de ses aspects : la ruse, le calcul, la dissimulation ; il sera un redoutable compagnon des forces passionnelles, un aide pour le mal, une pente vers l'abîme, une éponge pour les virus de haine qui empoisonnent l'atmosphère mentale, un aimant pour les agents de mal, pour les obsesseurs du monde invisible.

Son au-delà ne sera éclairé que par un ciel fugitif et sans chaleur, tandis que son purgatoire sera terrible. Il y revivra pendant longtemps cet événement violent de sa vie terrestre, et l'ombre de sa victime le hantera sans trêve, obstinément attachée à ses pas, accusateur muet, mais inlassable (1), au milieu d'une foule d'êtres abjects, perfides, méchants, débordants de désirs inassouvis, dans une atmosphère lugubre et infernale. Et ses souffrances seront le reflet de sa culpabilité, la mesure exacte de sa responsabilité.

Il reviendra à la vie d'incarnation dans des conditions très difficiles ; la douleur s'attachera à ses pas tandis que la " Voix de la conscience " affaiblie aura peine à le guider. Dans ces cas l'on trouve, autour des meurtriers réincarnés, leurs victimes transformées en bourreaux : des fils contre nature qui tuent ou violentent les auteurs de leurs jours, des frères ennemis, des parents cruels rendant leurs en-

---

(1) La persistance, dans le monde astral, des formes-pensées violentes qui accompagnent un crime, est considérable. Ce sont les premiers compagnons des criminels dans l'au-delà.

fants martyrs, des ennemis irréconciliables, et tant d'autres exemples où rien, si ce n'est le passé, ne peut expliquer la haine. Parfois c'est une difformité, une imperfection du corps nouveau ou une mort anticipée qui jouent le rôle vengeur.

Les meurtriers sont des âmes jeunes, des obsédés ou des victimes d'une longue pensée de haine qui a fini par dominer la volonté (1). La punition du meurtre, — l'échafaud, — apprend à l'âme la valeur de la vie, le respect du corps, moyen de l'évolution pour l'âme, et le crime est l'un des barreaux inférieurs de cette longue échelle dont les pieds plongent dans la haine et le sang et dont le sommet se perd dans la radieuse lumière de l'amour. L'âme en fait lentement l'ascension, conduite et éclairée par la souffrance, grandissant par l'épreuve, développant, par ses erreurs mêmes, la suave fleur de la sympathie et de l'affection.

L'Égoïsme.

L'être a deux centres de force opposés : la tête et le cœur, l'intelligence et l'amour, l'élé-

---

(1) Voir le chap. II, page 121.

ment qui sépare et celui qui unit, ce qui prend et ce qui donne, le " moi " égoïste et l'ange, la personnalité et l'individualité, le démon et le dieu. L'élément divin répand sans cesse sa force, il émet de splendides ondulations de vie, il projette partout les suaves couleurs de sa brillante atmosphère. Sa vie est dans le don ; il vit, grandit, prospère par le dévouement, par l'effort destiné à l'aide d'autrui : il est le centre de la Vie divine en l'homme, de ce qui doit devenir le Maître de toutes les forces du pôle séparateur.

Ce centre qui sépare et absorbe, c'est le mental ; tout ce qui le nourrit augmente son vampirisme et la souffrance autour de lui : la souffrance des faibles, des ignorants, des imprévoyants, des illusionnés. Le calcul, le jugement, la lucidité mentale sont les grands éléments de succès dans le monde objectif ; si les biens sont honorablement acquis et les avantages qu'ils procurent jetés dans le réservoir commun, ils augmentent la somme du bien-être général, accélèrent l'ascension humaine, et diminuent la douleur du monde ; s'ils sont acquis par l'avidité et immobilisés au profit du petit nombre des habiles, c'est le malaise, l'anémie, la souffrance du corps social.

Accaparer les biens de l'humanité, c'est voler, car ces biens sont des fruits auxquels la communauté a droit.

Être égoïste c'est pratiquer, dans une mesure plus ou moins large, ce vol des biens communs ; c'est créer un foyer d'attraction qui absorbe les forces extérieures; c'est élargir le fossé qui sépare d'autrui et diminuer la somme de vie qui circule dans l'humanité ; c'est causer la souffrance ; c'est aussi étouffer lentement sous la glace de l'intelligence la flamme d'amour que Dieu a placée dans le cœur humain. L'égoïste s'isole, il repousse tout ce qui n'est pas lui; il se sépare, en même temps qu'il attire et absorbe : le vampirisme est la loi de sa vie. Il faut des aliments au corps physique, des sensations au corps astral, des pensées au corps mental. Ces corps ont leur vie dans les productions de l'ambiance et ils sont les premiers à se développer; ce sont eux qui, tout d'abord, détiennent le pouvoir et sont les arbitres de la force. Plus tard, le conflit s'élève entre eux : la passion et même les forces vitales subissent peu à peu la conquête mentale; l'intelligence devient maîtresse, mais son empire est toujours envahissant, dangereux. Dans certains cas même, elle s'efforce de capter la source des forces spirituelles, des forces du centre divin en l'homme : c'est le moment le plus dangereux de l'évolution. Si le " moi ,, est vainqueur, il devient capable de bâtir autour de lui un épais mur de séparation; il ignore que ce qui paraît lui donner maintenant une plus grande somme de vie sera, plus tard, le tombeau où il se débattra dans les affres de l'agonie la plus cruelle, — l'agonie de l'isolement. Et s'il veut revenir sur ses pas, il doit procéder à la démolition du rempart construit, au déblaiement du canal de la Vie commune obstrué à son profit, il doit combler le fossé creusé, et pour ce labeur une énorme somme de force est dépensée. Alors commence pour lui une crise mentale et morale semblable à une maladie physique : une crise qui doit opérer l'épuration de la vie souillée, rétablir la liberté de la circulation et la normalité des échanges avec le milieu par la manifestation de la sympathie et du dévouement. Crise longue, douloureuse, parsemée d'obstacles, rendant la lutte finale difficile, barrant l'évolution.

Pour que celle-ci le mène aux " Portes d'Or ,, qui ouvrent le monde de la Vie supérieure, il faut que le "moi,, cède volontairement la place forte qu'il a construite et qu'il plonge dans ce qui, pour lui, paraît l'abîme du néant, la mort; il faut qu'il abandonne tout ce qui, pendant des siècles, a été sa vie, a fait sa force, a inspiré ses actes, a suscité ses efforts : l'égoïsme et l'intérêt. Tous ses trésors, toutes ses acquisitions, tout ce qu'il aimait, tout ce qui entretenait sa vie, il doit le consacrer à l'humanité, à ses frères, aux êtres en évolution autour de lui. Et il hésite, il diffère; des incarnations nombreuses se passent avant qu'il n'ait regagné le terrain perdu. Et malgré son retour au chemin, la lie de ces antiques forces de mal le retient et rend extrêmement difficile le don final.

Ce saut dans le néant le terrifie; l'intelligence, d'accord avec les préceptes spirituels, lui dit bien que donner la vie limitée du "moi,, c'est gagner la Vie éternelle, mais il ne peut *sentir* ce qu'il comprend ; le don complet, définitif lui paraît la mort. Et il hésite encore. Penché sur les bords du gouffre, il essaye d'en percer les ténèbres, d'en mesurer la profondeur ; le grand vide noir l'effraye, le courage lui manque.

Mais l'Amour divin vient à son aide s'il l'appelle ; un Maître de compassion, un Aîné vient partager sa force, Dieu aide son enfant bien-aimé, il lui tend la main quand la fatigue l'accable, quand les voix de l'illusion jettent le trouble et la peur dans son âme, et le moment vient où ce que l'intelligence n'a pu accomplir, la confiance, fille de l'Amour, le conquiert. Le candidat s'élance alors, il se donne. Dût-il perdre sa vie la plus intime, il plonge dans le gouffre, confiant dans le Maître qu'il aime, et lorsque, saisi par le vertige de l'espace, il ignore s'il ne va pas être absorbé à jamais par l'abîme, il s'éveille subitement dans la Vie, la Vie divine, la Vie une, la Vie de tout ce qui est, la Vie réelle, dont la vie individuelle n'est qu'un reflet dans le miroir humain, la Vie dont celle du "moi,, n'est qu'un rayon évanescent, un scintillement éphémère.

Il a vaincu, il a gagné la Vie éternelle, il voit maintenant l'illusion du "moi,,, il n'est plus victime de la "séparativité,,. Il pourra, parfois, risquer d'en subir de nouveau l'empire, il pourra être momentanément vaincu par les forces de l'autre rive qui voudraient le reprendre, mais il ne pourra ignorer désormais leur nature ; il sait à jamais qu'elles sont le Néant, que la Réalité, c'est la Vie une qui bat dans son cœur comme dans celui de tous les êtres : la vie du Logos. Il voit que la loi spirituelle est la transmission de la vie à travers tous les éléments de l'Arbre cosmique, c'est la solidarité de toutes choses et l'universalité de l'Amour qui fait l'Unité.

Tout acte d'égoïsme, tout sacrifice au "moi,, retarde, rend plus difficile cette Victoire finale et éloigne la Délivrance. L'égoïsme est le péché *humain* proprement dit, le plus commun, le plus lourd, le plus encombrant sur la route. Heureux celui qui, de bonne heure, apprend à renoncer, qui, dès les premiers pas sur la route, se sacrifie, s'écarte du soleil pour faire place aux autres, travaille pour autrui comme pour soi, apprend à vivre dans l'humanité, à partager ses joies et ses souffrances, immolant sans cesse sa personnalité sur l'autel du cœur, abattant sans relâche chaque tête qui renaît de l'Hydre infernale : la lutte finale, pour lui, sera moins cruelle, la victoire plus facile.

Les vices, les passions, les désirs de la nature passionnelle cèdent aisément ; mais le " moi ,, grandit par la victoire même qu'il remporte sur eux ; l'égoïsme est l'Herbe géante nourrie par l'engrais de la "séparativité,,. Heureux qui a compris que, dans sa destruction précoce se trouve la clé des " Portes d'or ,, le gage de la Victoire.

L'Orgueil.

L'orgueil est l'exagération du "moi,, qui s'érige, se place au premier plan et jouit d'une satisfaction intime à l'aspect des qualités qu'il possède ou croit posséder. Toutes sont aliment à sa croissance : orgueil des facultés supérieures, de la noblesse de cœur, des vertus; orgueil de l'intelligence, de la facilité de conception et d'expression des idées; orgueil de la réception aisée des vibrations du monde subtil, — des pouvoirs psychiques; orgueil d'une mise à l'unisson facile avec les états d'âmes divers qui constituent la vie émotionnelle, — orgueil de sentir les pensées des autres; simple gloriole parfois causée par des agréments corporels: vanité d'une taille élevée, d'une forme générale du corps plus ou moins belle, parfois même d'un simple détail de la structure physique, — couleur des cheveux, éclat de l'œil, harmonie des lignes du cou, grâce de la main ou du pied !

Ces humains ressemblent au paon qui, dans son enivrement, projette toute sa conscience dans ses plumes, les place en éventail et les fait bruisser de joie, comme pour ajouter à la satisfaction de la vue celle de l'ouïe !

Être orgueilleux de son corps suppose un intellect peu développé ou recouvert d'une épaisse couche d'illusion. L'appréciation de la forme est, en effet, extrêmement relative et varie avec l'éducation et le milieu : l'atticisme le plus pur n'est qu'une illusion un peu moins épaisse que le goût plus grossier des races sauvages, et Sophocle, le plus beau des Grecs, qui dansa tout nu le Pœan après la victoire de Salamine, a dû trouver, dans ses incarnations futures, en des circonstances analogues, des offrandes plus nobles que la beauté corporelle à déposer sur l'autel des dieux.

Il est même des hommes fiers d'éprouver violemment la colère ou toute autre passion ; ils ignorent que la force de la passion réside dans la faiblesse de l'homme vrai, de l'Ego : ils rougiront plus tard de ce qu'ils considèrent aujourd'hui comme un sujet de gloire.

La joie de posséder une grande force intellectuelle, bien qu'elle soit un sentiment plus noble, ne témoigne pas moins de l'oubli qu'un grand nombre d'hommes nous sont supérieurs à ce point de vue comme à bien d'autres, et plus encore peut-être de celui que l'intelligence actuelle n'est qu'un obscur flambeau à côté de l'incendie de lumière que manifestera l'homme futur.

Quant à l'orgueil subtil des vertus, floraison suprême de l'Herbe géante, du " moi ,,, le parfum qu'il exhale est éminemment vénéneux : c'est le piège le plus redoutable pour l'âme en même temps que la racine la plus vivace de l'Arbre du mal.

Ignorance et illusion, telles sont les causes de l'orgueil et ses résultats, auxquels s'ajoutent souvent la ruse et le mensonge, auxiliaires de ceux qui, voulant paraître grands, dissimulent leurs faiblesses.

Les résultats karmiques de l'orgueil sont peu désirables, quoique, comme toute chose, ils aient leur utilité. L'homme qui en est victime renaît avec une personnalité intense, entourée d'un voile d'illusion sans cesse plus épais. Il est sujet à toutes les souffrances des blessures d'amour-propre. De longs désirs lui ont attiré parfois les honneurs, la gloire ou le pouvoir, mais, avec eux, s'est présenté leur cortège de misère et de douleur : l'âme ne peut connaître l'amertume du fruit convoité qu'en le cueillant et le portant à ses lèvres. Les leçons de l'orgueil sont d'une utilité extrême et le verset de l'Ecclésiaste, disant que tout est vanité, n'est réellement compris que lorsque nos acquisitions si longtemps poursuivies, si amoureusement espérées, si chèrement achetées, tombent dans notre bouche en poussière amère; lorsque nos rêves s'évanouissent, nos prévisions s'effondrent, nos projets de bonheur se changent en douloureuses déceptions ; quand le pouvoir se montre entouré d'âpres luttes, de fatigantes compétitions, d'attaques insoupçonnées, de calomnies affreuses, de trahisons ignobles, d'ingratitudes noires ; lorsque la maladie vient rendre la fortune impuissante ; quand l'angoisse morale est aiguisée par la splendeur de la gloire, et que les chutes sont rendues plus profondes par l'altitude sociale. L'homme égoïste ne prend que les leçons que Dieu inflige, il ne cède que ce que la Providence lui enlève, il ne s'arrête que lorsque l'écrasement le paralyse, ne renonce à la vie que lorsque les événements la lui arrachent, ne se rend que lorsque l'orgueil, — utile à l'âme jeune, qui ne peut s'efforcer que sous l'aiguillon de l'intérêt personnel, qui ne peut sacrifier qu'à " soi ", et ne peut se développer que par l'égoïsme, — meurt de son propre poison : la souffrance qui suit les déceptions et prouve la vanité de tout ce qui n'est pas éternel.

L'Ambition.

Cette passion met en œuvre toutes les facultés de l'homme, — l'intelligence et l'effort surtout. Ici encore l'évolution utilise une passion pour hâter notre développement. Sans l'ambition nous ne serions pas témoins des prodiges d'industrie, d'effort, de patience et de persévérance, qui caractérisent la vie occidentale. Si, dans son imperfection actuelle, l'homme ne travaillait pour soi, la paresse le dominerait, et, plus tard, quand le cœur aurait grandi et serait devenu capable de dévouement, son désir d'aider les autres n'aurait à son service qu'une force en germe. Le désir est le vivificateur indispensable de l'activité des jeunes âmes.

Mais la destruction de l'ambition doit s'effectuer un jour par la douleur, et par des épreuves répétées qui martèlent l'âme pour lui apprendre le néant des choses de la personnalité. La plus instructive d'entre elles, peut-être, suit la vie de la terre.

L'ambitieux, quand la mort l'a privé du corps, ne retrouve dans l'au-delà aucun des résultats qu'il s'était efforcé d'entasser ici-bas : première déception, qui ne le délivre pourtant pas aussitôt des ardeurs d'un désir que rien ne semble devoir assouvir. Il recommence bientôt à rêver de nouvelles conquêtes et comme, dans ce monde subtil, la matière subit à un très haut degré l'empreinte de la pensée, il crée en images fluidiques tout ce qu'il désire, évoquant ainsi richesses, domaines, foules en ovation, honneurs, etc... Mais ces formes ne durent qu'un instant, l'énergie qui les agrège se dissipe bientôt et, avec elle, ses créations fugitives, et l'ambitieux se retrouve sans cesse les mains vides, déçu dans ses espérances. Comme le mythique rocher que Sysiphe s'efforçait avec peine de pousser jusqu'au sommet de la montagne, l'ambitieux retombe au moment où le but est atteint et roule au fond de la vallée. Les déceptions qui l'accueillirent souvent déjà sur la terre se répètent dans l'au-delà, et complètent peu à peu la douloureuse leçon jusqu'à ce qu'il ait définitivement compris qu'une seule ambition est légitime : celle de devenir un aide fidèle et inlassable de la Loi divine, un collaborateur parfait de l'Amour qui dirige les êtres vers le But, vers la divine Sagesse.

Le Dévouement,

Le dévouement prend sa source dans un germe placé au cœur de l'homme et qui se développe malgré tout quand le flot de l'évolution vient arroser l'Ile sainte (1), — l'île des vertus qui reflètent la trinité divine individuelle (2). Les germes supérieurs s'éveillent alors et une conscience supérieure naît dans l'homme, une voix nouvelle se fait entendre dans la fanfare bruyante de la personnalité (3), — voix faible et douce d'abord, mais qui prend force peu à peu jusqu'à ce qu'elle domine le concert et accorde toutes les autres voix sur la sienne : c'est la Voix de la Divinité en l'homme, du Mentor infaillible qu'on n'invoque ni n'écoute jamais en vain et auquel on ne désobéit pas sans remords.

C'est dans cette fleur suave de l'Amour que

---

(1) L'Ile sainte dont parle la *Voix du Silence*, est le corps atma-buddhique.
(2) La Trinité individuelle est ce qu'on nomme en théosophie Atma-Buddhi-Manas.
(3) L'homme moral et intellectuel ordinaire.

naissent la souffrance à la vue du chagrin, de l'erreur ou de la misère ; l'impulsion ardente à prêter sa force au faible et ses vœux au fort ; les souhaits inlassés de justice, de paix, de prospérité, de bonheur pour tous les êtres ; le sentiment vague, mais si profond qu'il domine la raison égoiste, que l'affection, la tolérance et le pardon sont infailliblement bons, tandis que l'indifférence, la critique, la censure ou la condamnation, si légères soient-elles, sont une grave erreur.

Le couronnement de la pitié, de l'amour, c'est le dévouement. Aimer est grand ; se donner à ceux qu'on aime est plus grand encore ; le désir d'aider autrui ouvre l'intelligence divine, l'intelligence du cœur, la lumière dont aucun voile d'égoïsme ne vient ternir l'éclat ; il ouvre l'écluse d'un torrent que nulle barrière ne saurait arrêter, le flot de l'Ame même, l'expansion que rien ne peut comprimer ni limiter, l'énergie qui soulève l'être jusqu'au ciel, quel que basse que puisse être la terre. Par cette union de l'être avec sa Source divine, il n'est pas de succès que nous ne puissions espérer, pas d'aide qui ne soit à notre portée, pas de misère que nous ne puissions soulager, pas d'agonie que la faveur divine ne nous permette d'adoucir.

L'homme que l'amour anime est devenu un accumulateur d'énergie divine, un centre incarné de force et de paix, un représentant du Très-Haut, un messager du Logos, l'ami des souffrants. Il panse toutes les blessures, calme toutes les douleurs, apaise toutes les soifs ; il réconforte les épuisés, éclaire les aveugles, ramène au chemin les égarés.

L'homme qui possède l'Amour est souverain sur tous les mondes qu'il traverse, — ici-bas, et dans l'au-delà, — et chaque fois que l'évolution le ramène à la terre, il y retourne avec des moyens d'aider toujours plus grands : intelligence, compassion, énergie, puissance, qui sont toutes la récompense de l'aide donnée dans les vies passées. Il rayonne toujours plus vivement la lumière, la force et l'amour sur la terre ; il est l'âme des grands efforts de la philanthropie, la Loi divine le place toujours là où la douleur est la plus aiguë, les besoins les plus pressants, les appels les plus désespérés.

L'effet du dévouement dans l'évolution, c'est la bénédiction d'avoir des occasions plus nombreuses d'aider et les moyens d'y réussir.

Culture de la Vérité.

La vérité est ce qui existe, c'est Dieu, rien autre n'est au monde que Dieu et ses manifestations.

Nous ne voyons pas également bien la divinité en nous et autour de nous ; de nombreux voiles la cachent, mais plus nous dépouillons l'erreur, qui est la gangue de la Vérité, mieux nous exhumons cette dernière ; et le degré de pureté que nous avons atteint donne la mesure de la pureté de notre vision et de la réflexion que le miroir de notre âme peut produire.

L'atome pranique (1) le plus pur est celui qui, sous l'impulsion de la vie solaire, manifeste le nombre normal de vibrations que comporte l'idéal de son type ; il exprime alors la vie physique humaine dans sa perfection, et le corps dont les atomes nerveux (2) sont purs est doué d'une vie puissante, d'une résistance

---

(1) Les " atomes de vie ", dans leur ensemble forment la vie *physique*. Ces atomes sont des véhicules de la vie solaire physique; électricité, magnétisme, chaleur, etc.

(2) L'atome pranique est appelé souvent nerveux parce que c'est le fluide nerveux qui charrie la vie physique. Le *prana* provoque et entretient la Vie *dont le sang n'est qu'un effet.*

considérable, d'une capacité d'action aussi parfaite que possible.

Le corps astral purifié fait écho aux plus nobles des qualités de l'homme personnel ; les vibrations des passions ont disparu avec les cordes grossières qui en étaient les instruments ; la diminution de densité des matériaux vibrants amène dans le microcosme humain une reproduction toujours plus parfaite de l'harmonie de la Nature, et toute l'harmonie que Dieu a voulue se trouve réalisée quand les instruments ont été parachevés par la pureté. Les passions, qui actuellement troublent profondément l'humanité, se transformeront si complètement avec l'épuration du véhicule astral qu'elles deviendront des éléments de bonheur et de joie.

Le corps mental nous fera connaître la Vérité pure quand il sera devenu si affiné dans ses éléments, si parfait dans sa structure qu'il sera l'écho fidèle de la Pensée de Dieu, et les plus subtils de nos corps, — ceux qui ne sont qu'ébauchés actuellement et qui constituent la Couronne de la spiritualité humaine, — jetteront dans le monde des torrents de vie divine quand ils seront devenus les instruments parfaits que le Logos a prévus.

Telle est la Vérité en ce monde : réfléchissement plus ou moins parfait de Dieu et de sa volonté créatrice. L'homme qui veut la recevoir et la réfléchir autour de lui doit polir soigneusement son miroir, autrement dit subtiliser, affiner au maximum tous ses corps pour que leur vibration soit parfaite, et qu'ils manifestent entièrement l'aspect de la Vérité qu'ils sont chargés de refléter. L'homme, miniature synthétique du monde, reste en dissonance avec la "musique des sphères,, aussi longtemps qu'il ne reproduit pas l'harmonie parfaite du Son créateur (1). Jusque-là il est dans l'erreur et demeure un agent de trouble ; l'Homme parfait représentera la Vérité, le Logos.

Ce que l'évolution accomplit avec les âges et sous le fouet de la douleur, l'homme peut le réaliser rapidement par l'obéissance aux préceptes des Aînés, par l'effort persévérant et l'aspiration intense vers le But. Parmi les routes qui s'offrent à lui, l'une des plus directes, des plus rapides, est celle de la culture de la Vérité ; on pourrait la nommer la " Voie de l'Intelligence ,, ou encore de la Connaissance (2).

---

(1) Le Verbe est le *Son* divin qui crée l'Univers.
(2) Il y a trois voies vers Dieu : l'Action, l'Intelligence et l'Amour.

Tout savoir c'est tout comprendre et tout pouvoir : c'est être devenu toute la Vérité, c'est être le Logos. La science de l'Univers est l'ensemble de ces vibrations merveilleuses qui manifestent toutes les qualités possibles. Il suffit à l'homme d'avoir développé la plénitude de ses sens pour tout voir, tout sentir, tout entendre. Sentir en soi une force c'est la connaître, et si le savant ignore la nature des forces qu'il étudie, c'est qu'il est muni de sens insuffisants. Voir la lumière, savoir qu'elle est décomposable en un faisceau de couleurs, connaître quelques-unes des réactions de ces couleurs, — réactions thermiques, électriques, chimiques et autres, — c'est apercevoir quelques caractères extérieurs d'une chose éminemment complexe et mystérieuse. Etre capable de reproduire en soi la vie totale d'un être, d'une force ou d'une chose, c'est être devenu cet être, cette force, cette chose, c'est les connaître, c'est en avoir senti la vérité complète. Connaître une vérité, c'est être devenu cette vérité, c'est sentir la vie profonde, totale de la chose qu'elle exprime.

Pour augmenter ses connaissances un homme doit augmenter le pouvoir vibratoire de ses corps ; chacun d'eux est le microcosme du monde auquel il appartient, et quand il peut reproduire la vie de ce monde, l'âme, — le fragment d'Infini qui est l'homme vrai, — peut recevoir, comprendre et connaître cette vie, ce monde. Lorsque les corps sont complétés, l'âme connaît donc la vérité de tous les mondes ; quoi qu'elle veuille savoir, elle le trouve aussitôt en soi par un simple instant d'examen.

Ces aperçus théoriques sont confirmés par les faits, et pour n'en citer qu'un faible exemple, — un exemple que tout homme peut vérifier lui-même, — nous dirons celui d'un magistrat qui possédait la faculté de connaître, immédiatement et sans possibilité d'erreur, la culpabilité ou l'innocence d'un inculpé. Il attribuait ce don à l'habitude ancienne qu'il avait prise d'être parfaitement vrai : en pensée, en paroles, en actes, en gestes, en expression du visage ou de la voix, en tout. Il vivait le vrai aussi fidèlement que possible. Sa faculté de discernement de la vérité dans les prévenus s'était développée parallèlement à cette vie dont tous les instants étaient un hommage à la Vérité, — de même qu'une lampe est allumée par la flamme qu'on approche d'elle, la Vérité divine qui brille dans le monde allume le discernement dans le cœur de l'homme véridique.

L'hypocrite, le menteur, le fourbe accumulent, au contraire, voile sur voile autour des instruments de leur âme, et leurs efforts pour empêcher la lumière interne de sortir s'oppose en même temps à la pénétration de la lumière du monde : la punition la plus sûre comme la plus juste de l'hypocrisie, c'est l'ignorance et l'obscuration imposées par des corps internes grossiers et quelquefois par leur compagnon, un appareil cérébral peu vibrant.

L'âme, à un certain stade d'évolution, se rend un compte exact de la réaction de ce vice mental et s'efforce de diriger la conscience physique pour que l'homme de chair (1) modifie sa route et comprenne qu'il n'y a qu'une voie : l'obéissance à la Loi divine, la purification des véhicules, l'effort vers un synchronisme parfait avec la Nature.

Les Adaptations spéciales.

Nous avons étudié surtout, jusqu'ici, la première méthode de fonctionnement de la Jus-

(1) Le moi cérébral.

tice karmique, — celle qui s'accomplit automatiquement, par les réponses vibratoires de la lyre humaine soumise au milieu ambiant, et par les modifications constructives apportées aux véhicules de l'âme. Bien des éléments de justice échappent pourtant à ce mécanisme admirable d'impersonnelle précision, et demandent une intervention personnelle des Agents karmiques pour compléter la justice et parfaire les leçons que l'âme doit apprendre.

Le choix du type du corps dans lequel l'Ego va se réincarner, le milieu familial et national dans lesquels il sera placé, l'époque de sa descente dans le monde physique échappent à l'empire de l'automatisme des forces en interaction et exigent la direction des Serviteurs de la Loi divine.

L'ajustement du Karma des individus destinés à entrer en relations dans une existence donnée, est une œuvre d'une rare délicatesse et d'une complication extrême, et les qualités et les défauts des corps physiques seuls, apportent de si importants changements dans les événements de la vie que ce point est, lui aussi, d'une grande importance. Dans l'intérêt des individus, et pour leur permettre d'expier plus complètement des fautes passées ou plutôt d'en retirer une meilleure leçon, tel groupe de qualités qui, manifesté intégralement, eût empêché ou entravé des événements nécessaires à l'accomplissement de la destinée, est modifié plus ou moins profondément, tel autre est supprimé dans la vie actuelle, de façon à obtenir la ligne d'évolution la plus avantageuse pour les individus en présence.

C'est pourquoi la construction des corps s'effectue sous une direction spéciale et d'après un plan qui détermine la structure, la résistance, le pouvoir vibratoire organiques, en un mot, les facultés que le corps est chargé d'exprimer. Ce résultat est obtenu par l'office de la Hiérarchie des "Constructeurs,,, admirable organisation d'êtres qui, du Sommet qui dirige sans erreur, à la base qui obéit avec une perfection passive, produit tout : le minéral grossier, le cristal aux formes géométriques, la fleur gracieuse, la cellule nerveuse délicate, les corps de tous les êtres.

Ces "constructeurs,, corrigent les défauts ou modifient les qualités des matériaux employés, adaptent des groupes de conditions incompatibles entre elles, créent, en somme, dès les débuts de l'incarnation nouvelle, l'ensemble des conditions qui régiront, par leur seul mécanisme, un grand nombre d'activités et simplifieront ainsi le travail de la Providence.

Voici, par exemple, un Ego qui trouve dans une famille donnée toutes les conditions karmiques nécessaires à son incarnation. L'une d'elles est défavorable pourtant : l'hérédité le rendra victime d'une diathèse grave qu'il n'a pas méritée. Il est plus facile de modifier cet unique point faible que de trouver un autre milieu fournissant toutes les autres conditions nécessaires : les agents karmiques impriment alors aux éléments cellulaires éthériques une vibration qui rétablit leur normalité vitale, et le corps nouveau échappe ainsi à la transmission morbide héréditaire.

Parfois, c'est l'inverse. Tout est d'accord avec le plan de la vie future ; mais il y aurait, dans les germes du corps futur, trop de santé pour permettre les leçons que la maladie doit donner. L'intervention, alors, consiste à créer les causes morbides nécessaires à l'action karmique, et de parents florissants de santé l'on voit naître avec étonnement des êtres chétifs, voués à la souffrance physique.

.˙.

Il est d'autres cas d'intervention providentielle.

Les acteurs de drames passés sont souvent réunis par la Loi pour jouer ensemble de nouveaux rôles ; tout homme, semble-t-il, pourrait être vis-à-vis d'un autre homme l'instrument de la Justice et jouer dans le monde le rôle de débiteur ou de créancier ; pourtant des causes, obscures pour nous, exigent bien des fois la rencontre personnelle des mêmes individus, soit pour satisfaire à la loi d'économie de la Nature, soit pour toute autre raison qui nous reste inconnue jusqu'ici, et tel homme qui, jadis, fut meurtrier, se retrouve incarné dans la famille de sa victime et, dès sa première rencontre avec celui qu'il violenta autrefois, naît en ce dernier le germe d'une haine instinctive. Et cette haine va enfanter l'injustice, la cruauté familiales; elle fera, nous l'avons vu, les enfants martyrs, les parricides et tous les criminels contre nature.

Parfois ces liens douloureux ne sont pas dénoués par une première association ; c'est la chasse d'une âme par une autre âme, d'une incarnation à une autre, une poursuite acharnée que l'au-delà seul arrête un instant et qui recommence dès que l'évolution replace les acteurs hors de l'abîme de la mort, dans un nouveau corps terrestre.

Heureusement la haine et la vengeance ne sont pas seules à unir les hommes ; l'amour a sa part dans les retours de la justice et plus d'une forte affection ici-bas, prend sa source dans l'impulsion de l'âme qui se souvient d'un bienfait reçu jadis. Des secours, dits providentiels, reçus d'autrui, sont souvent le résultat de ces règlements de comptes affectueux, et quand le débiteur d'autrefois se trouve, à ce moment, placé sur l'un des degrés supérieurs de l'évolution, il en résulte pour le bienfaiteur des faveurs inexplicables aux mortels ignorants, mais que l'œil du Karma a prévues et réalisées. Sauver la vie à un être élevé, c'est avoir droit au fruit de l'acte, additionné du fruit de tout le bien, — un bien considérable dans ces cas, — que cet être a pu accomplir sur la terre pendant la survie dont il a été gratifié. Au contraire, priver prématurément de son corps physique un être que son élévation rendait éminemment utile à l'humanité, c'est assumer et la souffrance que mérite le meurtre, et celle que la disparition de cet être a, directement ou non, causée à l'humanité.

*
* *

Certains aspects de la punition méritent un instant de considération. D'ordinaire, le point d'aboutissement des forces karmiques se trouve sur le véhicule le moins important, celui qui permet le plus de douleur et le moins d'immobilisation de l'être, — sur le corps physique.

L'homme qui souffre dans son corps peut, le plus souvent, sentir, penser, agir ; il est gêné mais non immobilisé. Certaines épreuves, — les plus utiles, — ne peuvent exister sans un certain degré d'altération de la santé ; l'extinction du " moi ,, , de l'égoïsme, ne peut s'opérer de bonne heure sans le concours de la douleur physique ; c'est pourquoi l'on peut dire que la souffrance corporelle est l'amie la plus utile à l'homme. D'autre part, les troubles du corps physique exigent, pour leur production, l'emploi d'une somme considérable de force subtile, et sont ainsi le moyen le plus avantageux d'épuisement karmique.

Si l'orage frappait le corps mental ou astral, ces véhicules doués de si peu de densité, seraient profondément troublés par le tourbillon, et les désordres provoqués en eux arrêteraient pendant longtemps leur évolution. Il est donc providentiel que le corps soit la cible naturelle des projectiles de la Destinée ; mais, ici encore, l'intervention personnelle des Agents du Karma est indispensable.

En général, une mauvaise santé est le principal signe de réaction karmique. Les fautes d'impureté semblent plus particulièrement punies par des troubles morbides physiques. Certains crimes amènent des punitions corporelles spéciales, destinées à détruire rapidement et avec le moins de dommage possible les forces mauvaises qu'ils ont créées,—leçons graves mais indispensables pour ramener au chemin des âmes qu'une folie dangereuse en a trop écartées : ainsi la cruauté prépare, souvent pour les vies futures, des infirmités pénibles : cécité, mutité, surdité, affections nerveuses graves. Parfois la Justice divine rassemble ses victimes au milieu de désastres collectifs et l'on se demande si, dans des sinistres semblables à l'incendie du Bazar de la Charité, la Providence n'a point réunies, pour les châtier, des âmes jadis unies par l'intolérance et le crime, — comme dans les guerres de religion et leurs massacres, par exemple.

L'étude des vies antérieures de certains hommes particulièrement frappés, a révélé d'étranges secrets : ici, une trahison causant un massacre, est punie, des siècles plus tard, par une vie douloureuse dès l'enfance, et par une infirmité portant en elle le sceau de son origine, — la mutité : les lèvres qui trahirent ne peuvent plus parler ; là, un inquisiteur retourne à l'incarnation avec un corps malade dès le bas-âge, dans un milieu familial éminemment hostile et avec des intuitions nettes de cruauté passée : les souffrances physiques et morales les plus aiguës le poursuivent sans répit.

Les crimes contre l'Evolution spirituelle sont plus sévèrement réprimés encore. Des hommes ont causé parfois la chute de certains de leurs compagnons de route tout près de franchir les " Portes d'or ,, (1) : la folie, l'idiotie viennent alors apprendre aux coupables la gravité de leur faute et l'importance sacrée de l'évolution spirituelle ; ils reçoivent des corps

---

(1) L'Initiation.

dont l'Ego ne peut se servir, — prisons inutiles, douloureuses, lourdes chaînes qui les rivent à un poteau de la route sans possibilité d'avancer vers le But.

Il y a, dans ces adaptations, une mine inépuisable d'enseignements dont les hommes capables de revoir le passé peuvent tirer de frappantes leçons. Les quelques exemples que nous venons d'indiquer brièvement montrent cette intervention personnelle des Seigneurs karmiques qui viennent compléter les leçons dont l'âme ignorante a besoin.

L'homme est un enfant que Dieu surveille étroitement, qu'il conduit par la main, à qui il apprend les lois de la vie et que, par des leçons précises, il ramène au chemin. Bon gré, mal gré, tôt ou tard, nous devons suivre la Loi ; son amour vient à bout de notre folie ou de notre ignorance.

Les Injustices apparentes.

Ce que nous venons d'examiner donne une raison plausible à la présence en l'homme des vices et des vertus d'*origine*. Nous emportons, dans la suite de nos existences, les défauts et les qualités des véhicules que nous avons édifiés au cours des siècles. Les infirmités les plus graves mêmes, telles que la folie et l'idiotie, nous apparaissent alors sous un jour nouveau, — comme des moyens de faire mieux comprendre à l'âme l'étendue et la gravité de ses fautes passées. Il reste pourtant un certain nombre de faits paraissant échapper à la Justice que notre cœur réclame dans toutes choses : ce sont ces apparentes exceptions que nous allons essayer d'éclairer de quelques rayons de la lumière que la Théosophie nous apporte.

La Souffrance des Animaux.

En tête de la série de ces cas qui révoltent ou désespèrent se trouve la souffrance des animaux, souffrance continue, partout présente, inhérente, semble-t-il, aux nécessités des organismes inférieurs, partout cruelle et imméritée. Sans cesse les faibles et les moins doués, parmi eux, servent de pâture aux forts ou aux habiles ; l'énorme cétacé engloutit incessamment de petits poissons, la patiente araignée passe sa vie à guetter et surprendre les mouches imprudentes, le serpent fascine l'oiseau, le tigre déchire le daim, et l'homme, plus cruel que tous les êtres réunis, prélève sans besoin un effroyable tribut sur ses frères inférieurs.

Quelle cause trouver à la souffrance et à la mort d'êtres parfois à peine conscients de leur existence ? Quels crimes a bien pu commettre cet animal affectueux et intelligent, le chien que le hasard rend victime de la science expérimentale et qui se traîne endolori, avec une apitoyante résignation, vers la table du vivisecteur ? Que devient la Providence muette et impassible, ici devant le carnage, là devant la froide cruauté ?

La Théosophie affirme que la Loi qui dirige la justice dans l'humanité, protège et guide l'évolution tout entière. Dieu se sert des mêmes poids et des mêmes mesures pour l'homme et pour la brute, et nos Aînés nous répètent souvent que, par l'étude patiente de la Nature, nous trouverons la clef de toutes les énigmes.

Ils nous disent que l'animal génère un karma puisqu'il agit ; ils nous montrent que la valeur morale de ses actes dépend des corps mis en jeu, et que la responsabilité, chez lui comme chez l'homme, est représentée par la nature des corps agissants et la qualité de l'énergie émise, de sorte que l'animal dépourvu de tout développement mental ne pourra recueillir de ses actes ni joie ni souffrance *mentales*, — et l'immense majorité des animaux se trouve dans cette catégorie, — et que, d'autre part, aussi longtemps que la sensation n'est pas développée en lui, l'animal ne peut ressentir ni plaisir ni douleur : en résumé, qu'il existe une lente et très progressive échelle du mental et de la sensation, deux échelles parallèles montrant un système nerveux, c'est-à-dire un appareil sensitif en étroit rapport de développement avec l'intelligence, et ce fait est très éclairant dans le problème actuel. Par exemple, jusque assez haut dans l'animalité, il n'y a qu'une sensibilité obtuse, pratiquement nulle : l'insecte que l'homme écrase sur sa route perd la vie sans douleur, se réincarne presque aussitôt et ne subit, en somme, aucun retard d'évolution, car la sensation du choc qui lui donne la mort, — bien qu'elle comporte une sanction douloureuse chez l'homme qui inflige par cruauté la mort du plus petit insecte, — est utile à la construction du centre qui, plus tard, donnera à l'âme de cet insecte les premiers rudiments du " moi „ ; l'animal qui ne peut occasionner consciemment à autrui, ni peine, ni plaisir, ne peut donc, à son tour, par son insuffisance nerveuse, éprouver ni peine ni plaisir ; et quand, beaucoup plus tard, son développement sensoriel l'aura rendu capable des premiers éléments de la sensation, alors des rudiments d'intelligence lui permettront de causer autour de lui, plus ou moins consciemment, de la peine ou du plaisir. Lorsque le mental est devenu bien apparent et que le représentant inférieur de la volonté, — le désir, — fait d'un animal supérieur un être moral, cet animal possède un système nerveux suffisamment développé pour lui permettre, à la fois, de porter un trouble plus volontaire autour de lui et d'en recevoir un contre-coup plus douloureux, — le Karma créé devient de plus en plus net, de plus en plus complexe, et rejette sur son auteur des responsabilités de plus en plus douloureuses.

Répétons-le donc : la responsabilité, et ses compagnons, le plaisir et la souffrance, ne sont possibles qu'avec un mental et un système nerveux bien développés : dans la Nature la punition est toujours proportionnée à la faute.

*
* *

L'on disait autrefois, dans l'enseignement théosophique, que l'âme de l'animal faisait partie d'une collectivité d'âmes semblables, enfermées ensemble dans un véhicule spécial qui leur servait à la fois d'âme directrice et de matrice collective aussi longtemps que leur développement ne leur permettait pas une vie isolée, en dehors du corps physique habité pendant leurs courtes périodes d'incarnation. Et l'on en tirait la conséquence que cette collectivité d'âmes, malgré les diversités d'action de ses individus, partageait à peu près les mêmes joies et les mêmes peines, — en somme, évoluait collectivement, ce qui laissait persister, dans la distribution de la douleur et du plaisir, chez les animaux incarnés, des inégalités toujours injustifiées, et parfois si cruelles et disproportionnées que l'injustice devenait criante.

Cet enseignement n'était qu'une esquisse, et une étude plus détaillée devait le compléter plus tard. Voici ce que nous avons appris depuis.

L'animal, comme l'homme, est essentiellement composé d'une Étincelle divine incarnée dans un bloc de matière individuel, un bloc de sept centres-types, de sept germes dont chacun constitue la base permanente de l'un des sept corps que l'évolution développera lentement dans les êtres au cours des âges (1). Quand l'un des corps de l'animal disparaît par la mort, — le corps physique, par exemple, — le centre qui lui sert de germe demeure dans le bloc central individuel et servira de moyen de reconstruction au corps qui en dérive. Il en est de même pour les autres centres que la mort dépouille de leurs corps ; sous l'influence des véhicules dont ils sont le foyer, ils se modifient sans cesse, enregistrent les vibrations reçues, les gardent comme potentialités évolutives, et sont, en somme, de véritables germes. Ainsi sont conservées et transmises de vie en vie les qualités acquises par les êtres, de sorte que les centres permanents individuels sont, en même temps, et des germes et des agents karmiques. Tel animal qui a développé une grande intelligence, la conserve potentiellement dans le germe men-

(1) Et dont trois sont actuellement développés en l'homme, — les corps physique, astral et mental, — les autres étant encore à l'état germinal.

tal ; celui-ci lui permet de revenir à l'incarnation avec un corps mental plus parfait, ce qui non seulement explique le progrès évolutif chez l'animal, mais confirme ce que l'intuition murmurait à la raison révoltée contre l'injustice : la présence partout, chez tous les êtres, chez les plus infimes mêmes, d'un mécanisme réalisant le principe de la conservation de l'énergie représentée par des qualités et des défauts, par du bien et du mal. Ce mécanisme est assuré par les germes permanents, de sorte que la responsabilité et le Karma, nuls d'abord, se présentent peu à peu et grandissent avec l'intelligence, ce qui rend aisé de comprendre que la responsabilité du chat qui s'amuse d'une souris ou du chien qui, à la chasse, déchire avec rage un pauvre cerf forcé est bien plus grande que celle de la baleine engouffrant par besoin et presque sans calcul des milliers de victimes à peu près dépourvues de mental et de sensation. L'on découvre en même temps que, grâce à ces germes permanents, qui lui conservent une *individualité* au milieu des autres âmes animales de la matrice collective du groupe auquel il appartient, chaque animal a un Karma personnel et que ce Karma se transmet de vie en vie. La Justice nous apparaît alors, chez l'animal, revêtue de cette même précision mathématique, qui, chez l'homme, avait pacifié et consolé notre esprit inquiet.

Lorsque, exceptionnellement, nous sommes en présence, chez un animal supérieur, d'une souffrance aiguë et prolongée, soyons certains que la justice reste entière et qu'une nouvelle déchirure du voile de la Nature nous en donnera la clef. Plus nous saurons, moins nous oublierons le message consolant des Aînés qui nous affirment que tout est juste, que tout marche vers le bien, et qu'au gouvernail de la nacelle de tout être, l'Amour divin est nautonnier.

Les Morts-nés et Avortons.

Si les infirmités de naissance trouvent, comme nous l'avons vu, leur explication dans la rétribution de graves fautes passées, quelle raison peut-on invoquer pour éclairer les accidents que nous énonçons, accidents apparemment inutiles, puisqu'ils ne sauraient avoir une influence sur les Egos auxquels des corps, détruits aussitôt construits, étaient destinés.

La cause de ces morts prématurées se trouve souvent dans un vice de construction du fœtus ou une maladie de l'embryon, dont la matière est modifiée par une cause imprévue, au cours de la grossesse : maladie de la mère, frayeur, impression mentale sur le constructeur (1), etc. Dans ce cas, le corps devenu inutile est expulsé, et l'événement est utilisé comme une douleur karmique parmi toutes celles qui assombriront la vie des parents, mais il n'atteint pas l'Ego.

Le Karma collectif.

Les lois des groupements humains affectent chacun des individus qui les composent, et les emportent, malgré eux, dans le tourbillon de leur vie d'ensemble. L'opprobre ou l'honneur qui s'attachent à une famille ou à une nation, rejaillissent sur leurs membres. Les douleurs d'une guerre frappent tous les citoyens ; ses dangers menacent chacun de ses soldats ; en s'abattant sur une contrée, un fléau s'impose à ceux qui l'habitent ; quand un vaisseau sombre, il engloutit les passagers

---

(1) L'être invisible à qui les divinités karmiques confient la construction du corps en gestation.

dans un même destin ; lorsqu'une association produit d'heureux résultats, les associés y participent dans une mesure souvent très indépendante de leurs efforts personnels.

Où est ici la justice, dira-t-on ?

La solidarité crée la plus stricte de toutes les obligations, parce qu'elle touche au mécanisme même de la vie. Comment les cellules d'un même corps pourraient-elles échapper aux modifications de la circulation commune qui les nourrit ? L'humanité est un rameau de l'Arbre des êtres, ses feuilles participent toutes également à l'action de la sève ; elles se flétrissent ou s'épanouissent selon la parcimonie ou l'abondance des apports. Les hommes ne sont nulle part séparés ; ils paraissent l'être sur le monde physique, mais, là même, leur isolement n'est pas complet ; ils plongent et respirent dans une même atmosphère physique faite surtout de leurs déchets, — de ce qui crée l'encombrement physique et les épidémies qu'il comporte. Si l'homme peut parfois échapper, jusqu'à un certain point, à cette atmosphère en s'isolant, les nécessités de la vie l'obligent à retourner dans les centres où la maladie règne. Le rayonnement éthérique des corps physiques est beaucoup plus étendu que celui de leurs émanations plus denses, et il est presque impossible de sortir de l'atmosphère subtile qu'il crée. Quant à échapper à l'influence de l'atmosphère astrale et à celle de la mentalité, il n'y faut pas songer : elles sont le sol même de notre évolution morale, et nous ne pouvons nous abriter de leurs dangers que par la pureté parfaite de nos corps (1). Heureusement, la solidarité la plus désirable, la plus utile, est, en même temps, la plus inéluctable : c'est la solidarité spirituelle qui nous fait vivre dans l'atmosphère créée par les hommes divinisés qui assistent l'évolution humaine terrestre. En elle nous puisons, quoique inconsciemment pour le moment, la vie du Logos qui développe la Monade, — germe de notre vrai nous-même, de l'Homme divin du futur.

Les atmosphères sont donc d'autant plus étendues que la matière qui les constitue est plus subtile. Comment, dans ce tourbillon qui entraîne toutes les cellules humaines, n'y aurait-il pas une large communauté du bien et du mal ? Comment ce fait est-il compatible avec la Justice ?

---

(1) Voir le Chapitre I, pages 37, 43, 50, etc.

En voici la raison. L'homme véritable n'est pas le corps visible ni le corps astral, ni même le corps mental ; c'est l'Étincelle divine. Et les étincelles de tous les hommes forment l'Unité collective qui a pour corps l'ensemble des corps isolés que nous regardons, par ignorance, comme séparés : un seul corps, une seule âme dans l'Univers, telle est la vérité, la vérité prouvée au moment sublime de l'Initiation. La séparation n'est que pour les reflets monadiques, pour les " hommes ,, divers que nous avons étudiés au début de ce travail (1), et, même pour ces " mois ,, illusoires, la Providence a eu soin d'être juste : nous l'avons vu et nous allons le rappeler. L'apparente séparation, due à l'imperfection du monde fini, est une illusion nécessaire au développement d'un centre, d'un " moi ,, dans la Monade infinie, à la naissance de l'infiniment petit dans l'infiniment grand. Mais l'humanité, dans son essence, dans ce qui est, en elle, le plus réel est une unité; elle ne paraît multiple que dans ses portions les plus extérieures, dans ses extrémités, — par une erreur due à son ignorance actuelle ; tel l'enfant qui loca-

---

(1) Chapitre I, page 6 et suivantes.

lise son " moi ,, dans la tête, tandis que le Sage le sent tressaillir dans son cœur. Chaque pas en avant d'un humain fait avancer l'humanité entière ; tout recul individuel la fait reculer. Les unités peuvent s'élever plus ou moins haut, unir leur conscience avec des représentants plus ou moins altiers de la Hiérarchie, avec la Tête même de celle-ci ; nul ne peut se séparer de la branche à laquelle il tient, tant que la vie spirituelle de cette branche, — la race totale, — n'est point pleinement développée.

Cette étroite, inévitable, heureuse Solidarité n'influence avec force que l'évolution des principes supérieurs des individus ; tout ce qui concerne leurs aspects moins unifiables, — ce qui fait pour nous les " mois ,, illusoires, séparés des " mois ,, des autres hommes, — échappe plus ou moins à son influence. Par un admirable soin de la Justice, les vies individuelles immergées dans les vagues agitées de l'Océan de la Vie sont étroitement surveillées, et toute une armée de Dévas (Anges) (1) se dévoue pour sauvegarder cette masse d'intérêts individuels au milieu de la mêlée confuse des êtres.

(1) Voir *Les Aides Invisibles*, par C. W. LEADBEATER.

La pieuse tradition de l'Ange gardien attaché à l'homme durant son incarnation, surveillant sa vie entière, préservant son enfance en particulier, repose sur une réconfortante vérité occulte. Ce protecteur invisible fait ces grands capitaines que nulle balle ne touche, ces explorateurs audacieux qu'aucun péril n'atteint, ces hommes marqués en naissant du sceau du succès ou de la gloire, — tous ceux nés sous une heureuse étoile. C'est par ces compagnons invisibles que la justice peut être rendue au milieu des conflits de toute nature qui encombrent le champ de la vie et dont les forces atteindraient fatalement les innocents qui s'agitent parmi eux, si la Sagesse divine n'avait préposé des serviteurs spéciaux à l'œuvre de la préservation individuelle.

Quoiqu'ils soient nombreux et frappants, les exemples de cette providence particulière autour de nous sont cependant peu connus parce qu'ils échappent souvent à notre attention, s'enfuient bientôt de notre souvenir, ou sont ternis par le doute de notre siècle sceptique et railleur. Mais il n'est personne peut-être qui n'en ait entendu parler. Il y a quelques mois à peine le *Liban* (1) sombrait en rade de

(1) Le 12 juin 1903.

Marseille et plus de la moitié des passagers périssaient avec le navire. Parmi les sauvés l'on citait un enfant de quelques mois, mystérieusement soutenu sur l'eau jusqu'à l'arrivée des secours, tandis que sa mère, qui le tint longtemps dans ses bras, était entraînée dans les remous du navire englouti.

Tout homme qui, dans son Karma, ne possède pas de dette pouvant exiger la mort de son corps, sortira sain et sauf du plus terrible des désastres. Le plus souvent, les événements l'écarteront du lieu du sinistre et si la Providence n'a pu se servir de ce moyen, elle interviendra au moment critique et conservera la vie à ceux qui ne la devront pas à la Loi. Ils feront partie du petit nombre des "sauvés„ qui échappent aux dangers même les plus graves. Quand notre vénéré Président, le colonel Olcott, prit passage pour San Francisco, sur le navire qui devait sombrer dans l'avant-port de cette ville, la Providence le fit céder aux instances des membres de la Branche théosophique d'Honolulu qui le priaient de leur consacrer quelques jours et de ne partir que par le courrier suivant ; il évita ainsi la mort. D'autres fois, au contraire, la destinée pousse, pour ainsi dire, ses victimes vers les lieux du châtiment. Au moment de la catastrophe de Saint-Pierre de la Martinique, bien des habitants, effrayés par les grondements du volcan, prirent la fuite avant l'éruption, tandis que d'autres, que leur devoir n'obligeait pas à venir dans la ville, — la femme du gouverneur par exemple, — se présentèrent d'eux-mêmes sur les lieux maudits pour y succomber.

Le Karma familial et national.

Les sphères familiale et nationale fournissent un champ précieux aux règlements karmiques : elles forment la base de l'accomplissement de la destinée individuelle. L'homme, en effet, est aidé ou entravé par sa famille, il en reçoit bonheur ou souffrance selon ce que la destinée tient pour lui en réserve.

La civilisation d'une contrée, avec la culture artistique, intellectuelle ou scientifique qu'elle possède et la moralité qui lui est propre, est aussi un très précieux instrument karmique, et il est facile de comprendre qu'elle favorise les exigences de la justice plutôt qu'elle ne s'y oppose.

Le Sexe.

On peut en dire autant du sexe. L'homme et la femme ont chacun leurs aptitudes, leurs avantages et leurs désavantages. Une incarnation féminine donnera à l'Ego des leçons qu'un corps mâle ne pourrait lui fournir. Tout ce qui appartient au domaine de l'affection, de la patience et de la douceur ne s'acquiert bien et vite que par l'incarnation féminine ; les incarnations masculines développent surtout la force, l'énergie, l'activité. L'intelligence manifeste dans l'homme une expression plus concrète, la femme la manifeste sous son aspect intuitif, de sorte que la Bonne Loi, par le sexe, imprime dans les âmes les qualités qu'il leur importe le plus de développer à un moment donné. Telle nature froide et rude s'équilibre par la chaleur affectueuse développée au cours de quelques incarnations féminines ; telle autre faible, ou trop sensible, prend de l'énergie par son passage dans des corps d'hommes.

La Race.

Les races jouent un rôle analogue. L'oriental, — l'hindou surtout, — représente l'élément féminin ; l'européen, l'élément masculin. La Providence est donc bonne mère et non injuste en donnant aux âmes des corps capables de développer harmonieusement leurs qualités et d'atténuer les arêtes trop tranchantes de certains de leurs défauts.

L'Inégalité des conditions.

Nous ne pensons pas avoir à traiter ici le problème de l'Inégalité des conditions ; notre travail tout entier s'efforce d'en montrer les causes et de prouver que nul ne doit se plaindre de son sort, puisque le milieu qui nous échoit, les facultés que nous possédons, la somme de félicité ou de malheur qui nous est dévolue, sont des facteurs créés par nous, de toutes pièces, au cours de nos vies successives. Nous nous bornerons à constater que ce problème n'a été résolu complètement et d'une façon satisfaisante nulle part si ce n'est dans les doctrines de la théosophie.

Les Victimes expiatoires.

Abordons maintenant un point intéressant pour ceux dont le Christianisme a bercé les jeunes années. Cette grande religion semble parfois recéler ses étincelles les plus brillantes dans les plus obscurs, ou les plus irrationnels, en apparence, de ses dogmes, aussi ne faut-il point la condamner hâtivement ou sans réserve, mais se borner à rejeter sa lettre morte, — qui, il faut le reconnaître, mérite de l'être par son absurdité et ses outrages à la raison, — puis, s'armer de la torche théosophique et descendre avec précautions dans ses cavernes obscures.

Nous voudrions donc dire quelques mots de la tradition qui concerne les Victimes expiatoires.

Un homme peut-il prendre la responsabilité d'autrui ? En d'autres termes, est-il possible d'empêcher un homme de recevoir la réaction de ses actes ? Nous pouvons, hardiment, répondre : non. La série d'effets réactifs immédiats qui s'opèrent sur les corps agissants au même moment où les actes s'accomplissent (1)

---

(1) Voir chap. I, page 28 et suivantes.

ne peut être évitée, puisqu'elle est liée aussi indissolublement à ces corps que le recul du fusil à la déflagration de la poudre. Ce premier résultat est si visible, si précis, qu'il échappe, croyons-nous, à toute contestation. Et il nous paraît que les autres facteurs de la série réactionnelle, pour être moins apparents, n'en sont pas moins étroitement liés à la cause dont ils font partie intégrante. Comment serait-il donc possible à un être de s'attribuer les résultats des actions d'autrui ; en d'autres termes, comment pourrait-il, quand la réaction doit être douloureuse, *expier* les fautes des autres ?

Pourtant, la solidarité humaine est si étroite qu'il ne semblerait pas impossible que certains effets tardifs de l'action pussent, sous certaines influences, être canalisés et dirigés vers d'autres centres de force que celui qui les produisit : cette déviation est possible mais elle ne peut être effectuée qu'avec l'assentiment de la loi karmique. Il nous semble impossible, en effet, que la Loi divine refuse à un être le fruit de ses actes, c'est-à-dire la *connaissance* qu'ils contiennent. Comment le prodigue et l'imprévoyant apprendraient-ils la valeur de la modération et de la prévision si la fortune et le succès couronnaient leurs folies ? D'ailleurs, nous considérons, bien à tort, la douleur comme une punition et le bonheur comme une récompense, car celui-ci est souvent un sérieux danger, et celle-là toujours notre auxiliaire la plus utile. Une vie facile est une source féconde de fautes : la souffrance est un frein au mal, une sentinelle attentive et un conseiller précieux. Nos périodes de bonheur sont souvent aussi celles de nos erreurs ; le fardeau de la douleur nous fait poser le pied avec soin, nous rend prudents et nous évite les chutes. Qui n'a pas souffert n'a pas grandi. Il ne serait donc ni juste ni utile d'échapper aux conséquences de ses actes, bons ou mauvais.

*
* *

Pourquoi voit-on, alors, la douleur frapper les saints, et pourquoi certains d'entre eux ont-ils appelé volontairement la douleur avec la conviction qu'ils pouvaient ainsi diminuer les souffrances du monde ? Sainte Lidgwine exultait de joie pendant que la pourriture émiettait ses membres : elle voulait souffrir pour que l'humanité souffrît moins.

LES RÉSULTATS DE L'ACTION (suite)

Le problème est obscur, difficile, et pour essayer de l'éclairer il nous faut revenir au passage du chapitre II, — celui de la *Providence*, — où nous avons traité de l'épuration de l'atmosphère morale de l'humanité. Le Logos, servi par une puissante Hiérarchie, rend limpides les eaux de la vie troublées par l'ignorance humaine ; il empêche le méphitisme moral de rendre l'air irrespirable, et neutralise toutes les forces de mal qui ne doivent pas être utilisées par la Loi et donner des leçons aux hommes. Les forces à détruire sont placées volontairement par un Aide divin dans son cœur comme dans un creuset où le feu de l'amour va les comburer, les transmuer en forces de bien. Cette transformation, chez les Etres libérés, s'opère par l'effort, mais sans douleur ; chez les hommes qui entrent à peine sur la Voie divine, elle s'effectue avec souffrance ; la douleur et l'angoisse convulsent les fibres de leur âme comme le feu tord les rameaux de l'arbre qu'il dévore. L'âme n'entreprend cette tâche que lorsqu'elle est sûre de sa force, certaine de rester maîtresse des forces de mal et de sortir de la lutte sans souillure. Elle accroît ainsi sa force et assure plus solidement sa maîtrise des énergies mauvaises, en même temps qu'elle collabore à l'évolution et aide l'humanité. Mais la lutte, chez les saints non initiés, est d'habitude toute morale ; elle ne frappe point leur corps. A quoi donc attribuer les souffrances physiques de certains mystiques ? Nous croyons que ces exceptions se rencontrent chez des âmes suffisamment élevées pour avoir la faveur de prendre part au travail des disciples (1) et de collaborer à l'épuration de l'atmosphère morale de l'humanité. Mais, dans aucun cas, il ne peut s'agir d'une *expiation pour autrui*.

Il est possible pourtant, bien que nous ne puissions l'affirmer, que, parmi les forces à transmuer, il s'en trouve qui étaient destinées à des Egos n'ayant plus besoin de leçon, et que, dans ce cas, la compassion divine des Aînés détruise volontairement ces forces pour éviter à leurs frères moins forts une douleur inutile. La raison nous indique de semblables possibilités, et nous sommes si ignorants que nous ne pouvons, en les rejetant, refuser de croire aux sacrifices les plus extrêmes de l'Amour divin.

---

(1) Le disciple a reçu l'Initiation et est guidé directement par un Aîné, un Maître.

LES RÉSULTATS DE L'ACTION (suite)

.˙.

Il est des cas enfin où le sacrifice est plus que possible, raisonnable et bon : il est urgent.

Quand les fautes d'une association indispensable à l'évolution de l'humanité, — la Société Théosophique, par exemple, ou l'une des grandes Religions, — ont mis cette association en péril ; quand la jalousie, la haine, les critiques acerbes de ses membres ont accumulé sur elle des nuages orageux et que la foudre, guidée par les agents de la contre-évolution, est prête à éclater pour détruire, le Fondateur ou l'un des principaux soutiens de l'association peut s'offrir en holocauste et recevoir volontairement le choc des forces destructives : la société, la religion est sauvée, mais la responsabilité de ceux qui ont fourni des forces à l'orage demeure tout entière. La victime expiatoire est presque toujours frappée dans son corps physique, car ce corps absorbe, par sa résistance, une énorme quantité de force subtile, et l'orage est ainsi rapidement conjuré. Les spectateurs ignorants de ces drames invisibles s'étonnent que tel chef de l'association soit si fortement et si inopinément éprouvé dans sa santé physique, alors que son Karma ne semblerait pas pouvoir lui imposer un aussi lourd sacrifice. Ces exemples, fréquents autour de nous, devraient faire le sujet de sérieuses méditations de la part des membres de notre Société ; ils pourraient ainsi mieux estimer à sa vraie valeur leur responsabilité vis-à-vis du mouvement dans lequel ils sont entrés. N'oublions pas que toute pensée hostile, toute haine, tout soupçon vis-à-vis de nos frères de l'Association théosophique vont se fixer dans son centre de mal, — le centre négatif nécessaire à tout organisme, — et l'intensifient, et que nous collaborons ainsi, à notre insu, à un orage futur et aux souffrances que nos chefs supporteront pour le dissiper.

Si chacun de nos membres vivait avec l'amour de ses camarades et de ses chefs au cœur, s'il considérait leurs fautes ou leurs imperfections avec la tolérance affectueuse qu'il accorderait aux membres de sa propre famille, les forces de bien seraient bientôt si puissantes que le développement et les bienfaits de la Société Théosophique deviendraient inappréciables.

L'une des formes les plus sublimes de ce dévouement se rencontre chez les grands Fondateurs des Religions.

Les Aînés, consacrés au service du Logos, sont la source cachée de ces grands Instructeurs qui, au berceau d'une civilisation nouvelle, descendent parmi les hommes pour poser les fondations de l'édifice social. Cette base qui est en même temps la clef de voûte de la construction future, c'est une religion, car si l'évolution d'une race exige l'acquisition d'une large somme de connaissances dans le domaine des nécessités du corps physique, il serait désastreux qu'elle ne fût pas aidée dans les besoins de sa nature supérieure. Aussi une morale, inextricablement liée à la religion, vient s'adresser à l'Homme véritable, — à la Monade divine qui est au cœur de l'être, — et lui dicte ses rapports avec autrui et avec la Source de toute vie, — le Logos.

La religion est inculquée progressivement, adaptée aux stades successifs du développement de la race : elle pourvoit aux besoins de son enfance, de son adolescence, de sa maturité, de sa décrépitude même. Le Fondateur en frappe la note fondamentale, l'anime de la vie forte qui doit en assurer la durée, et confie à des disciples éprouvés la dispensation des notes secondaires qui compléteront l'enseignement. Le Christ répandit dans le peuple souffrant de la Judée ses magiques paroles de consolation, — les *Paraclétéria*. Dans la classe moyenne, il infusa profondément les formules simples mais fortes et inoubliables de la morale indispensable au bonheur public et individuel, — les *Logia* : " Ne fais pas aux autres ce que tu ne voudrais pas qu'il te fût fait. Fais-leur ce que tu voudrais qu'on te fît. Oublie les injures, aime tes ennemis. Aime Dieu et les hommes, tes frères. „ Aux esprits éclairés, à l'élite de la nation, aux philosophes, il laissa entrevoir les rayons éclatants de la Doctrine secrète, — de la *Gnose* (1). A ses disciples, il donna le cœur de l'enseignement, le trésor de l'avenir, le pain des âmes prêtes à suivre le Maître sur le chemin du Calvaire et aider l'humanité en travail.

Malgré le soin apporté à ces distinctions, le Christ fut la cause involontaire de bien des

---

(1) C'est le nom que portait à cette époque l'*esprit* caché pu Christianisme.

maux : c'est le sort fatal auquel l'imperfection des choses et des êtres soumet ici-bas tous les Instructeurs, tous les aides des hommes, — les dieux eux-mêmes descendus vers l'humanité. Le peuple vit, dans ses exhortations à l'espérance d'un avenir meilleur, le présage d'une violente transformation sociale et comme un encouragement à la révolution. La classe moyenne accepta les *Logia* par intérêt : elle trouvait en elles un gage de sécurité ; mais au lieu de songer à les mettre elle-même en pratique, elle s'efforça surtout de les faire entendre au peuple pour prolonger sa patience. D'autre part, tous les philosophes ne le comprirent pas, — la *Gnose* fit des mécontents : chez les Esséniens étroits qui criaient à la profanation, chez les rabbis jaloux et impurs, chez les aristocrates intellectuels de l'époque dont elle gênait l'égoïsme et la paresse orgueilleuse. Tous ces mécontents se liguèrent pour imposer une orthodoxie, et ils engagèrent la persécution contre les dépositaires de l'*esprit* de la doctrine du Christ : contre les Gnostiques.

De cette orthodoxie naquit l'Eglise militante primitive ; l'alliance des castes hostiles devint, plus tard, en se transformant, le pacte entre les papes et les rois, ceux-ci prêtant leur bras en échange de l'obéissance que l'Eglise ordonnait à leurs sujets.

Ces premiers combats aboutirent, quelques siècles après, à l'écrasement des Gnostiques. Avec leur extinction, se fit celle de la lumière, désormais enfouie sous un épais boisseau. Plus tard, la lutte s'étendit en guerres de religion ; l'empire de l'Eglise devint temporel et voulut tout imposer : la foi et la science. La vérité spirituelle avait succombé avec les Gnostiques ; la vérité scientifique s'éteignit momentanément avec Galilée. Finalement, la liberté de la pensée se trouva écrasée sous le poids formidable du plus terrible instrument d'intolérance que l'histoire ait jamais connu.

Telle fut la série des maux qui, — grâce à l'ignorance et aux imperfections du monde limité dans lequel les humanités s'agitent, — furent la suite inattendue du sacrifice du Christ. Cause involontaire de ces erreurs, le grand Compassionné dut, dans une certaine mesure, en assumer la responsabilité. Et depuis la fondation du christianisme, Jésus, qui mourut pour l'établir, renonce au bonheur du grand Repos et veille à travers les siècles, s'efforçant d'atténuer les fautes du fanatisme qui parle et agit en son nom, en même temps qu'il aide les rares dépositaires de son esprit à répandre un peu de rosée spirituelle sur l'humanité enfiévrée par la lutte et l'égoïsme. Il ne quittera son poste que lorsque sa pensée sera connue de tous ceux qu'il a voulu conduire aux pieds de son Père, lorsque toutes les scories seront détachées du diamant qu'il apporta, toutes les erreurs introduites dans son enseignement détruites, toutes les luttes engagées en son nom éteintes, toutes les souffrances infligées par l'intolérance née à l'ombre de l'arbre chrétien calmées à jamais. Alors, pas avant, sa mission sera accomplie et le fruit de son cœur, mûri, devenu apte à nourrir l'Occident à qui il le destina. Alors science, philosophie et religion, reconnaissant leur fraternité, se voyant le reflet de la divine Trinité sur les eaux de la terre, se confondront dans un étroit embrassement. Les querelles humaines fuiront vers le passé, et l'effort de l'avenir sera la noble émulation vers la perfection, vers les sommets que Dieu a donnés pour but aux efforts de ses enfants.

C'est en ce sens, — et aussi dans un autre plus sacré encore, que le Christ fut vraiment une victime expiatoire pour les péchés des hommes, ses successeurs et représentants.

Voilà pourquoi le Bouddha, son prédécesseur, et les autres grands Fondateurs religieux sont tous aussi, plus ou moins, des victimes volontairement incarnées pour le salut des hommes.

.˙.

Au fond de cette tradition dogmatique des victimes expiatoires se cache encore le symbole de la victime expiatoire individuelle, de l'Ego humain, — de ce que la théosophie nomme le Mental supérieur, — du Penseur qui survit aux incarnations et qui recueille, de vie en vie, le bien et le mal qu'il a laissé faire à son instrument dans ce monde. Cet instrument, — le Mental inférieur, — est son *alter ego*, son fils, une portion de sa substance et de sa conscience limitée par un voile plus épais de matière et plongée dans l'*animal* humain, — le corps des désirs. Ainsi l'Ego, amoindri par le milieu, s'efforce de diriger le Kama (1), cet animal si fougueux parfois, si énergique toujours, et qui a atteint sa maturité tandis qu'il n'est, lui (2), qu'un enfant encore, chez bien des

---

(1) Le Kama ou corps des désirs. Le coupable est, en réalité, l'ignorance, la faiblesse de l'Ego enfant.
(2) L'Ego.

hommes ; aussi est-il très souvent impuissant à diriger le violent coursier qu'il a pour mission de dompter, fait-il fausse route et est-il entraîné parfois dans des précipices. Sa punition est un retard de son évolution. Le coupable dont il expie les fautes, c'est l'animal-humain, — le " mauvais larron ,, évangélique. La portion de lui-même incarnée, son *alter ego* n'est pourtant point partout souillée par le contact de l'essence kamique, et la partie qui a pu se conserver pure, — le " bon larron ,,, — retourne tout entière à lui après la seconde mort (1). Le mauvais larron, au contraire, — le Kama vivifié par la portion vaincue et enchaînée de l'Ego, — va dans l'enfer, c'est-à-dire se désagrège lentement dans le purgatoire inférieur, et ses particules manasiques sont dispersées dans l'atmosphère mentale.

La Théosophie nous montre ainsi que, dans les profondeurs de ce dogme, si absurde dans sa *lettre*, des « Victimes expiatoires », se cache une grande vérité, vérité que la foule, ne saurait que profaner, ou dont elle tirerait de dangereux éléments de doute, et que l'on

---

(1) La mort qui, du purgatoire, fait aller au ciel.

doit, pour ces raisons, réserver à ceux qui peuvent s'assimiler les vérités profondes des religions, ceux qui pourraient faire partie, si elles existaient encore, des " classes ,, supérieures de l'enseignement chrétien des premiers siècles, — enseignement disparu sans retour avec les Initiés gnostiques, mais que la Théosophie est venue, heureusement, remplacer de nos jours.

L'on comprendra plus aisément maintenant qu'il n'existe aucune injustice dans ces souffrances, dues soit au dévouement de l'Ego, soit à un sacrifice que, dans l'intérêt de l'humanité et par amour pour elle, certaines Ames élevées acceptent volontairement.

La Grâce.

Une autre objection est faite bien souvent aussi à la Justice divine au sujet de la grâce. Cette critique est due à la notion erronée que le Christianisme de la *lettre* a donnée du secours divin en le considérant comme un don gratuit, tandis qu'il est tantôt l'aide inespérée que le malheur extrême attire quand il va sombrer dans l'isolement, tantôt la réponse que reçoivent du ciel l'amour, la prière, ou l'appel désespéré de la douleur. Secours de l'amour divin non sollicité ou réponse au cri de la faiblesse humaine en péril, la grâce se meut dans la sphère de la justice et de la compassion. Seul est abandonné celui qui, dans la détresse, *refuse* d'appeler le Père infiniment bon. Nous avons émis déjà, dans le deuxième chapitre, sur le même sujet, quelques idées complémentaires, auxquelles nous renvoyons le lecteur.

L'Oubli du passé.

Il nous reste à traiter une autre objection souvent faite à la justice karmique : Pourquoi souffrir de péchés oubliés puisqu'on est, par cet oubli, privé de l'avantage d'en tirer un enseignement ?

L'oubli est utile, nécessaire. Le souvenir ne peut exister à notre stade d'évolution, et il serait très mauvais qu'il existât pour nous, maintenant.

En effet, les corps qui sont les instruments de la mémoire sont détruits par la mort ; le cerveau physique est désagrégé avec le corps grossier, le corps astral se dissipe à son tour et le corps mental disparaît avec la vie du ciel. Ces corps, chez l'homme de l'incarnation future, sont tous les trois nouveaux, reconstruits ; ils ne peuvent donc connaître un passé auquel ils n'ont point participé.

Soit, dit le critique, mais si nous ne conservons nulle mémoire du passé, comment pourrons-nous tirer les leçons des expériences qu'il a fournies ?

Nous allons voir comment. Les impressions des actes et des événements de la vie s'impriment dans tous nos corps, dans tous ceux, du moins, dont les éléments constituants sont suffisamment organisés pour être des réceptacles de la mémoire.

Le corps dit " causal ,, (1) persiste à travers la série des incarnations humaines. En lui sont inscrits tous les événements de nos vies successives, et lorsque la conscience de l'âme est suffisamment éveillée, — ce qui est actuellement le cas pour la grande majorité des hommes, — elle vit au milieu de cette immense somme de souvenirs et peut s'en assimiler à son aise les enseignements. Cette assimilation s'opère surtout durant la vie de ciel, et lorsque l'Ego prend de nouveaux corps, pour vivre une nouvelle vie terrestre, il imprime son

---

(1) L'enveloppe permanente de l'Ego pendant l'évolution humaine. (Voir *L'Homme et ses corps*, par Annie Besant.)

expérience du passé sur la portion de lui-même qui va plonger dans les corps nouveaux (1) pour les guider. Et chaque fois qu'une action mauvaise est à fuir ou une décision heureuse à prendre, il se fait entendre par cette impulsion forte que nous appelons la " Voix de la conscience ,, et qui pousse au bien ou fait fuir le mal. Quand il est fort, sa voix est obéie, l'énergie dont il l'accompagne oblige l'animal (2) à céder ; quand il est faible, ce dernier résiste et c'est alors que l'homme, bien qu'il voie et désire le mieux, fait le pire (3), comme dit la maxime bien connue. Mais de ces fautes naît le regret, suivi du ferme propos ; la volonté de l'Ego grandit par ses efforts ; peu à peu de l'enfance il arrive à la maturité, et le jour vient où l'animal est à jamais vaincu. Ainsi s'opère l'évolution.

Mais, ajoute le critique tenace, si l'âme conserve le souvenir du passé, pourquoi l'homme réincarné *qui est cette âme* l'ignore-t-il ?

L'explication de ce paradoxe est extrêmement simple pour l'étudiant en théosophie,

---

(1) Les corps mental, astral et physique.
(2) Le corps des désirs.
(3) *Video meliora proboque, deteriora sequor.*

mais difficile à pénétrer par celui qui ne connaît même pas les éléments de cette profonde science. Le lecteur qui aura réfléchi sur ce qui précède, sur notre *Introduction* surtout, comprendra mieux que celui qui n'aura fait que parcourir rapidement ce livre.

Qu'est la mémoire ?

C'est la propriété qu'a la matière de reproduire, consciemment ou non, les impressions qu'elle a reçues. Toutes les vibrations enregistrées par le cerveau peuvent être aisément reproduites : elles sont notre mémoire courante. Celles qu'il a oubliées, mais que le corps astral ou le corps mental inférieurs ont conservées (1), peuvent l'être aussi, quoique moins facilement ; mais pendant la fièvre, la transe hypnotique ou mesmérique, qui opèrent un calme parfait dans le cerveau idéateur, la vibration du réceptacle de mémoire le plus proche, — le corps astral, — peut ébranler la matière nerveuse et, dans le silence cérébral, faire entendre sa voix. L'on a constaté ainsi l'exhumation de couches profondes de la mémoire enfouie. Mais, dans ces cas, les souvenirs appartiennent presque toujours à la

(1) Car toute vibration se propage à travers tous les corps et s'inscrit en eux.

vie actuelle seulement, car les vibrations du corps qui contient la mémoire des incarnations passées, — du corps qui persiste à travers ces incarnations, du corps causal, — sont si subtiles, si rapides qu'il est bien rare que le cerveau actuel, grossier encore, puisse y répondre ; seuls, un très petit nombre d'hommes ont suffisamment affiné leur cellule nerveuse pour lui permettre de recevoir ces vibrations de la " conscience supérieure „ : ceux-là ont la mémoire du passé.

Mais il est heureux, avons-nous vu, que ce passé soit oublié aussi longtemps que l'âme est dans sa période d'enfance. S'il était présent, si nous reconnaissions autour de nous des amis, des parents pour qui nous avons été, dans le passé, des causes de souffrance ; s'ils partageaient(1) avec nous le souvenir de nos bassesses ou de nos ignominies passées, nous supplierions la Providence de jeter un voile sur cette horrible vision, la honte et le remords occuperaient l'activité entière du présent : notre évolution en serait arrêtée.

Et le souvenir serait d'autant plus désastreux que passé et avenir se tiennent ; à me-

---

(1) Ce qui serait le cas si le souvenir était une faculté normale chez tous aujourd'hui.

sure que la vision de l'âme s'étend en arrière elle se prolonge en avant et le présent grandit en même temps que le passé et le futur se rétrécissent ; le souvenir d'un lambeau du passé confère la prévision d'un lambeau égal d'avenir. A côté du cauchemar du passé s'étalerait celui des punitions de l'avenir, et la terreur du futur achèverait de nous paralyser.

Tous les jours, pourtant, nos éléments nerveux s'affinent, tous les jours nous nous approchons davantage du moment où notre cerveau pourra refléter la mémoire de la conscience supérieure et nous transmettre une portion toujours plus large de passé et d'avenir. Mais au moment où il nous sera possible de contempler ce panorama, nous aurons grandi ; la honte aura disparu, car nous trouverons dans la faiblesse et l'ignorance la cause et l'excuse de toutes les fautes ; nous aurons aussi cessé de craindre les échéances douloureuses, car nous connaîtrons la bénédiction de la douleur ; nos dettes pénibles seront d'ailleurs presque entièrement liquidées à ce moment, et quand nous souffrirons ce sera presque toujours volontairement, pour aider nos frères de l'humanité.

C'est ainsi que, plus notre vision s'étend,

plus l'injustice apparente perd de son domaine, et nous pouvons être certains que lorsque nous aurons atteint le sommet, jugeant avec précision des rapports des choses entre elles, nous aurons la preuve complète de ce que le cœur répond à notre raison anxieuse : que la Bonté divine est infinie et que toute critique de ses actes est l'œuvre de l'ignorance.

La Sagesse du Logos a tout prévu.

* * *

Nous voici à la fin de ce travail.

Nous épargnerons au lecteur la lecture d'un épilogue : il tirera lui-même ses conclusions. Nous lui demanderons toute son indulgence chaque fois que, par oubli, par inadvertance ou par ignorance, nous n'aurons pas fait de ces grandes doctrines un exposé suffisant pour leur gagner son adhésion ou sa sympathie ; nous le répétons, en terminant, la faute n'en sera pas à elles, mais à nous.

TABLE DES MATIÈRES

Préface. Avant-propos.

Introduction.

Considérations préliminaires. 6
L'âme, les corps, les consciences, l'évolution. . . . 6

CHAPITRE PREMIER

Les Lois de l'action.

La Loi. 20
La Réaction égale l'Action. 27
Le Choc en retour 36
La Contagion. 43
La Corrélation des forces. 47
L'Interférence des forces. 55

CHAPITRE II

La Providence.

La Providence dans la Nature.	68
La Providence chez les êtres inférieurs.	69
La Providence dans le règne animal	76
La Providence dans l'humanité.	83
La grâce	91
La Respiration de l'Univers.	92
Le Mur gardien de l'Humanité.	94
Les Guides.	97
La Hiérarchie.	99

CHAPITRE III

L'Action de l'homme dans le monde.

Le Libre arbitre.	103
La Destinée et la Fatalité.	110
La Prédestination	112
Quelques cas de fatalité karmique.	119
La Destruction du Karma.	121
La Libération.	126
La Création de l'Avenir.	131

CHAPITRE IV

Les Résultats de l'action.

LE DÉVELOPPEMENT DE LA TRINITÉ DANS L'HOMME

La Connaissance.	144
Le Péché originel.	147

TABLE DES MATIÈRES 253

Le Mal.	149
La Voix de la Conscience et de l'Intuition.	161
L'Amour.	164
La Puissance.	166

CHAPITRE V

Les Résultats de l'action (*suite et fin*).

LE MÉCANISME DE LA JUSTICE IMMANENTE

La Responsabilité	171
Quelques exemples du mécanisme de la Justice immanente.	173
Ivrognerie	174
Meurtre.	177
Égoïsme	179
Orgueil.	186
Dévouement	192
Culture de la Vérité	195
Adaptations spéciales.	200
Les Injustices apparentes.	209
La Souffrance des animaux.	210
Les mort-nés et les avortons.	217
Le Karma collectif	218
Le Karma familial et national	225
Le Sexe.	226
La Race.	227
L'Inégalité des Conditions	227
Les Victimes expiatoires	228
La Grâce.	242
L'Oubli du passé	248
Renseignements.	250

RENSEIGNEMENTS

LA SOCIÉTÉ THÉOSOPHIQUE

La Société théosophique est une organisation composée d'étudiants appartenant, ou non, à l'une quelconque des religions ayant cours dans le monde. Tous ses membres ont approuvé, en y entrant, les trois buts qui font son objet; tous sont unis par le même désir de supprimer les haines de religion, de grouper les hommes de bonne volonté, quelles que soient leurs opinions, d'étudier les vérités enfouies dans l'obscurité des dogmes, et de faire part du résultat de leurs recherches à tous ceux que ces questions peuvent intéresser. Leur solidarité n'est pas le fruit d'une croyance aveugle mais d'une commune aspiration vers la vérité, qu'ils considèrent, non comme un dogme imposé par l'autorité, mais comme la récompense de l'effort, de la pureté de la vie et du dévouement à un haut idéal. Ils pensent que la foi doit naître de l'étude ou de l'intuition, qu'elle doit s'appuyer sur la raison et non sur la parole de qui que ce soit.

Ils étendent la tolérance à tous, même aux intolérants, estimant que cette vertu est une chose que l'on doit à chacun et non un privilège que l'on peut accorder au petit nombre. Ils ne veulent point punir l'ignorance, mais la détruire. Ils considèrent les religions diverses comme des expressions incomplètes de la Divine Sagesse et au lieu de les condamner, il les étudient.

Leur devise est Paix ; leur bannière, Vérité.

La Théosophie peut être définie comme l'ensemble des vérités qui forment la base de toutes les religions. Elle prouve que nulle de ces vérités ne peut être revendiquée comme propriété exclusive d'une église. Elle offre une philosophie qui rend la vie compréhensible et démontre que la justice et l'amour guident l'évolution du monde. Elle envisage la mort à son véritable point de vue, — comme un incident périodique dans une existence sans fin, — et présente ainsi la vie sous un aspect éminemment grandiose. Elle vient, en réalité, rendre au monde l'antique science perdue, la *Science de l'âme*, et apprend à l'homme que l'âme c'est lui-même, tandis que le mental et le corps physique ne sont que ses instruments et ses serviteurs. Elle éclaire les Écritures sacrées de toutes les religions, en révèle le sens caché, et les justifie aux yeux de la raison comme à ceux de l'intuition.

Tous les membres de la Société théosophique étudient ces vérités, et ceux d'entre eux qui veulent devenir Théosophes, au sens véritable du mot, s'efforcent de les vivre.

Toute personne désireuse d'acquérir le savoir, de pratiquer la tolérance et d'atteindre à un haut idéal, est accueillie avec joie comme membre de la Société théosophique.

**

Concevoir et vivre la Fraternité humaine est le devoir de l'heure présente : c'est la condition même du progrès et du bonheur de l'humanité.

La Fraternité n'est pas seulement une aspiration du cœur, un commandement des religions, elle est une stricte obligation sociale ; mais ni l'autorité des dogmes, ni la contrainte des lois n'ont réussi et ne réussiront jamais à l'imposer, et nous assistons au déchaînement de toutes les haines alors que les mots de solidarité et de fraternité sont sur toutes les lèvres.

La Fraternité est un fait, sa réalisation est une nécessité vitale, mais elle ne deviendra effective que par le libre consentement de la raison individuelle aidée par la force intuitive du cœur. La Théosophie fait appel à l'un et à l'autre : elle expose les lois fondamentales de l'évolution qui démontrent cette Fraternité et mettent en lumière la Justice absolue voilée sous l'inégalité déconcertante des conditions humaines.

Ces grandes lois fondamentales sont :

La **Loi d'Unité**, qui établit l'origine et la fin

communes de tous les êtres. Nos corps sont composés des mêmes éléments chimiques, les mêmes passions nous agitent, la même lumière intellectuelle nous éclaire, au meilleur de nos cœurs on retrouve les mêmes élans d'amour et de compassion. On comprend bien vite l'enseignement théosophique quand il représente l'homme comme un germe divin contenant à l'état latent, comme tout autre germe, toutes les possibilités de son Créateur, — germe semé dans le monde pour qu'il s'y développe et que, de l'état animal, égoïste et ignorant, il arrive progressivement jusqu'au terme lointain de son évolution : la divine Sagesse.

La **Loi de Causalité**, qui met en lumière la conservation de l'énergie sous toutes ses formes, morales aussi bien que physiques ; apprend à l'homme qu'il prépare sa propre destinée, qu'il vit strictement la vie qu'il s'est lui-même préparée, et qu'il n'a pas raison d'accueillir par la haine ou le blasphème le spectacle de l'inégalité de la fortune, de l'intelligence et des qualités ; que l'homme de bien qui souffre paie des dettes contractées dans une vie passée, tandis que le criminel qui prospère commence à peine à charger le passif de son grand livre, et que les échéances douloureuses se présenteront à lui plus tard.

La **Loi des Renaissances**, qui montre que chaque existence humaine se rattache à une succession d'existences individuelles, toutes déterminées par la relation de cause à effet et rétablit ainsi la notion de progrès inexplicable sans elle. Chaque vie, en effet, ne nous apprend que quelques lignes du livre de la Nature, et il a fallu bien des existences pour que l'humanité ait pu s'élever de l'état sauvage à l'état civilisé, comme il lui en faudra bien d'autres pour atteindre son plein développement.

La Société Théosophique estime que la diffusion de ces vérités hâtera le progrès et le bonheur de l'humanité plus que toute autre chose et que, lorsqu'elles seront profondément empreintes dans la pensée et dans la vie de la majorité des hommes, le mal, fruit de l'*ignorance*, véritable *péché originel* commun à tous les êtres qui commencent leur évolution, disparaîtra rapidement de la terre.

SIÈGE DE LA SECTION FRANÇAISE

DE LA

SOCIÉTÉ THÉOSOPHIQUE

59, Avenue de La Bourdonnais, Paris.

Buts de la Société.

1° Former le noyau d'une fraternité de l'humanité, sans distinction de sexe, de race, de rang ou de croyance.

2° Encourager l'étude des religions comparées, de la philosophie et de la science.

3° Étudier les lois inexpliquées de la nature et les pouvoirs latents dans l'homme.

L'adhésion au premier de ces buts est seule exigée de ceux qui veulent faire partie de la Société.

Pour tous renseignements s'adresser, selon le pays où l'on réside, à l'un ou l'autre des Secrétaires généraux des Sections diverses de la Société dont voici les adresses :

France : 59, avenue de La Bourdonnais, Paris, 7ᵉ.
Grande-Bretagne : 28, Albemarle street, Londres, W.
Pays-Bas : 76, Amsteldijk, Amsterdam.
Italie : 70, Via di Pietro, Rome.
Scandinavie : 7, Engelbrechtsgatan, Stockholm.
Indes : Theosophical Society, Benarès, N. W. P.
Australie : 42, Margaret street, Sydney, N. S. W.
Nouvelle-Zélande : Mutual Life Building, Lower Queen street, Auckland.
Allemagne : Motzstrasse, Gartenhaus, Berlin, W.
Amérique : 7 W-8ᵗʰ Street, New-York.

ÉTUDE GRADUÉE

De l'Enseignement Théosophique

Ouvrages élémentaires

ANNIE BESANT. — Introduction à la Théosophie..	o 5o
Dr TH. PASCAL. — A. B. C. de la Théosophie...	o 5o
— La Théosophie en quelques chapitres...............	o 5o
— Conférences sur la Sagesse antique à travers les âges....	1 »
— Conférences à l'Université de Genève................	o 5o
D.-A. COURMES. — Questionnaire théosophique...	1 »
ARNOULD. — Les croyances fondamentales du Bouddhisme................	1 »
AIMÉE BLECH. — A ceux qui souffrent........	1 »

Ouvrages d'instruction générale.

J.-C. CHATTERJI. — La Philosophie ésotérique de l'Inde...............	1 5o
ANNIE BESANT. — La Sagesse antique, 2 vol....	5 »
A.-P. SINNETT. — Le Bouddhisme ésotérique...	3 5o
— Le Développement de l'âme...	5 »

Ouvrages d'instruction spéciale.

ANNIE BESANT. — Karma................	1 »
— Evolution de la Vie et de la Forme...............	2 5o
— Dharma................	1 »
— Le Christianisme ésotérique	4 »

C.-W. LEADBEATER. —	Le Plan astral........	1 50
—	Les Aides invisibles....	2 »
—	Le Credo chrétien (sous presse)........	» »
—	L'Homme visible et invisible.........	7 50
Dr Th. Pascal. —	Essai sur l'Evolution humaine.	3 50

Ouvrages d'ordre éthique.

La Théosophie pratiquée journellement.......	0 50
Annie Besant. — Vers le Temple..........	2 »
— Le Sentier du Disciple......	2 »
— Les Trois Sentiers........	1 »
La Doctrine du Cœur, relié.............	1 50
H.-P. Blavatsky. — La Voix du Silence......	1 »
La Lumière sur le Sentier, transcrit par M. C., relié.................	1 50
Le Bhagavad Gîtâ.................	2 50

Revue Théosophique française : *le Lotus Bleu* publie *la Doctrine Secrète* en fascicules distincts. Le numéro, 1 fr.

Abonnement : France, 10 fr ; Étranger, 12 fr. Années antérieures, 12 fr.

PUBLICATIONS THÉOSOPHIQUES

10, RUE SAINT-LAZARE, PARIS

CONFÉRENCES ET COURS

SALLE DE LECTURE — BIBLIOTHEQUE — RÉUNIONS

Au siège de la Société : 59, avenue de La Bourdonnais. Le siège de la Société est ouvert tous les jours de la semaine de 3 à 6 heures, et les dimanches à 10 heures et demie du matin. Prière de s'y adresser pour tous renseignements.

ERRATUM

Page 141 (10e ligne) : au lieu de « *le deuxième terme de la première couple d'opposés* », lire « le deuxième terme du premier couple d'opposés ».

25-11-03. — Tours, Imprimerie E. ARRAULT et Cie.

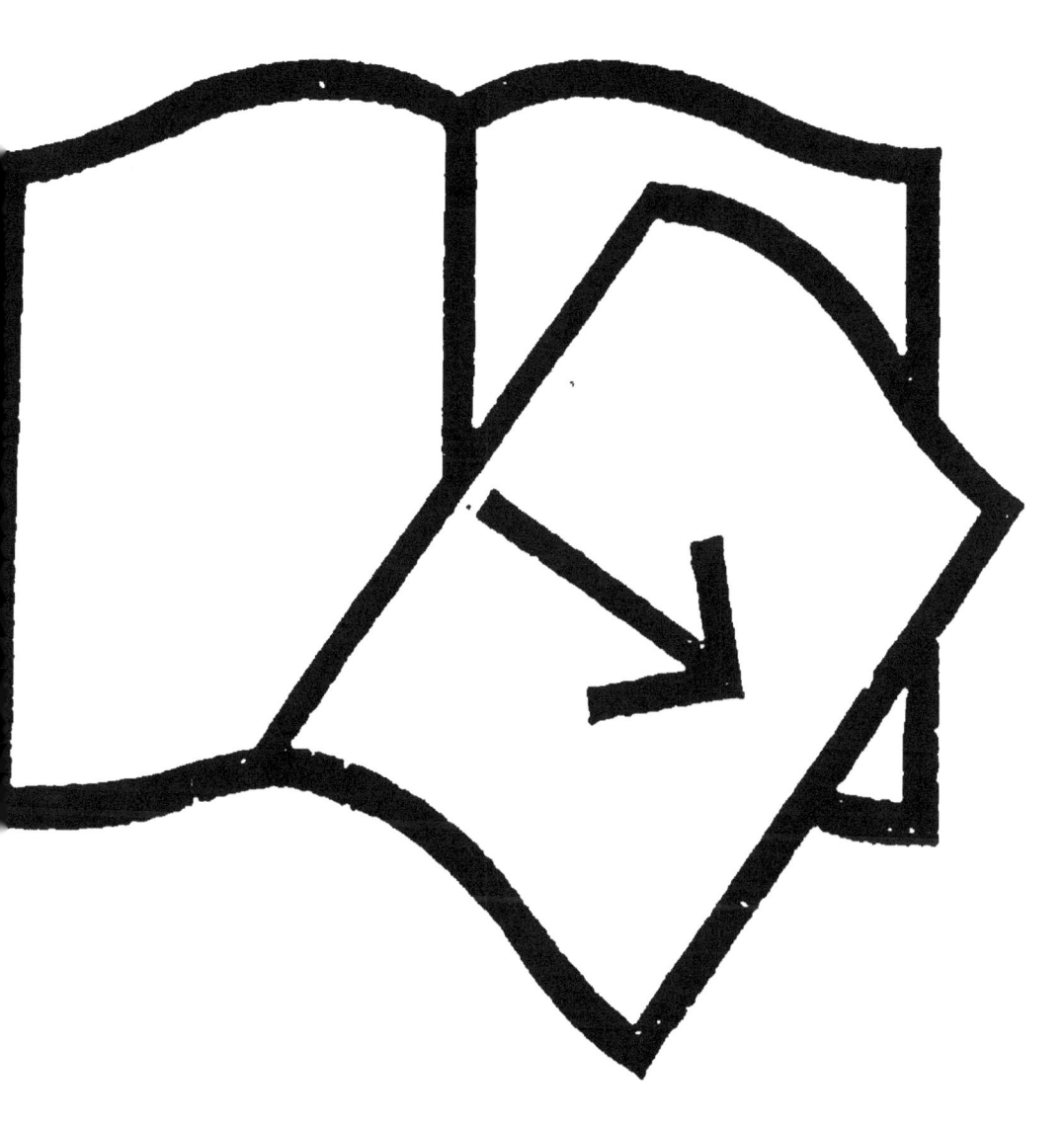

Documents manquants (pages, cahiers...)
NF Z 43-120-13

www.ingramcontent.com/pod-product-compliance
Lightning Source LLC
Chambersburg PA
CBHW050643170426
43200CB00008B/1132